O SUCESSO PASSO A PASSO

Max Gehringer

CBN LIVROS

O SUCESSO PASSO A PASSO

SUMÁRIO

Introdução	9
Que tal morar no Cazaquistão?	15
As infalíveis	18
Quem ele é de verdade	20
Você sabe coçar a orelha direitinho?	23
De olho no relógio	25
Rói as unhas? Esqueça	27
Pontual, simpático e cordial	29
Já, daqui a pouco e lá na frente	31
Secretária = segredo	33
A ansiedade é que mata	35
Decifrando o entrevistador	37
Seria lógico se ele se comportasse assim...	39
Ensaie, escreva, corte o cabelo	41

"Reclamões" e impacientes	43
E o futuro vem aí	46
Técnico abre portas	49
Mercado ideal e não real	52
Fuja das armadilhas	55
Reunião com sushi	57
Como cativar a plateia	59
Um pouquinho a mais	62
De quanto é a "caixinha"	64
Esticando, esticando...	66
Que dinheiro extra que nada	68
Quanto mais estrategista, pior	71
Enquanto a promoção não vem...	73
Emperrado no mesmo lugar	75
Parou por quê?	78
Menos dinheiro para elas	80
Na hora do lanche	82
Você é um bom companheiro?	85
Acelere, não pare	87
Empecilhos da carreira	89
Falta de...	92
Do aprendizado à colheita	94
Pecados que fazem estacionar	96
Entende o que está lendo?	99
Approach holístico	101
Murphy podia estar certo	103
Pequenas promessas são as melhores	106
Notas, como na escola	108
Na mira do holofote	110

Chato eremita, egocêntrico...	112
Ninguém me entende	114
Z, X, V, U, T...	117
Rótulo que gruda	119
Indeciso ao cubo	121
Negociou, levou	123
Cérebro antes da boca	125
Caçador de erros: tente escapar dele	127
E o chefe se enganou	130
Ele está proibido de...	132
Como um marisco no mar	135
"Bonito terno, chefe"	137
Será?	139
Cansado? Extenuado? Estressado?	141
Dinheirinho na mão	144
Quando não é tão bom assim	146
Insatisfação = colesterol	148
Descontente, reaja	150
Berro, bocejo ou silêncio	152
Picuinhas não significam demissão	154
O obsessivo e o apêndice	157
Uma crítica por hora, um elogio a cada ano	159
Interino para sempre	161
Curinga nunca mais	163
Falhar, sim; esconder, jamais	166
De chiclete a croquete	169
Enquanto isso, no dia da verdade	171
Em nome das estrelas	174
Senhor conselheiro	176

Desordem de opiniões	**178**
Beijo, aperto de mão ou...	**180**
Arrependido?	**182**
Ficar ou ir embora	**185**
A bomba-relógio está armada	**187**
Tempo de sobra	**189**
Outplacement o quê?	**191**
Amigos, amigos, emprego à parte	**193**
As sete fases	**196**
Navegando em outros mares	**198**
Em vez de empregado, patrão	**200**
Teste: você é empreendedor?	**202**
Albert, pare de pensar	**204**
Na hora da ação	**207**
Mudanças de rota	**209**
Geração iê-iê-iê não quer envelhecer	**211**
E sucesso é...	**214**

INTRODUÇÃO

Quando lemos a biografia de alguém que conseguiu se tornar um sucesso em sua atividade profissional, não é raro nos surpreendermos pensando: "Mas essa pessoa teve uma infância igual à minha!". Ou então: "Ela não fez nada que eu também não possa fazer!". É verdade. Os profissionais que fazem sucesso não são muito diferentes das outras pessoas. *O que vai torná-los diferentes é exatamente o sucesso.*

Portanto, se pudéssemos fixar um ponto de partida para uma corrida rumo ao sucesso, as duas regras básicas para a inscrição dos candidatos seriam:

- Todos podem competir;
- Todos os competidores têm chances de chegar.

Por que, então, os que conseguem cruzar a linha do sucesso são em número muito menor do que aqueles que ficam pelo caminho? Porque há dois fatores que impulsionam os vencedores. O primeiro é a sorte. O segundo é o foco.

Sorte

Muita gente não acredita em sorte. Há também os que aceitam a influência da sorte, mas empregam a palavra não como incentivo, mas como desculpa: "Ah, sabe, nunca tive sorte...".

Existe, é claro, aquela sorte do tipo estatístico, que rege as loterias. Qualquer pessoa que compre um bilhete ou arrisque meia dúzia de números terá a mesma oportunidade de ser contemplada, seja pobre ou rica, analfabeta ou formada. Mas, na vida profissional, as coisas não funcionam bem assim.

Ter sorte é eliminar previamente as possibilidades de algo sair errado. Sorte é estar no lugar e no momento em que as coisas boas vão acontecer. Não é só uma questão de fé, mas, principalmente, de preparação.

Então, não existe a chamada pura sorte? Sim, existe. Quando alguém me pergunta isso, sempre uso meu próprio exemplo de comentarista da rádio CBN. No momento em que a diretora, a Mariza Tavares, me procurou para discutirmos a possibilidade de um comentário diário, eu dispunha de algo essencial para o rádio – a voz. Isso é o que considero sorte, porque o tom e o timbre de minha voz são naturais. Não é algo que tenha lutado para conseguir, é apenas uma herança genética. É sorte. Mas, embora a voz tenha sido relevante para que eu conseguisse o emprego, sozinha a voz não me teria garantido a vaga. O que realmente pesou foi o conteúdo que poderia passar aos ouvintes, algo que aprendi por esforço próprio.

Da mesma forma, existem milhões de mulheres lindas no Brasil, mas não mais que cem delas construíram uma carreira de top model. De cada mil que tentam, só uma consegue. Todas as mil tinham os atributos físicos necessários, mas 999 não conseguiram demonstrar que possuíam aquele algo mais que pode ser aprendido – como presença, simpatia, desenvoltura e autoconfiança.

A lição da pura sorte é essa: não despreze o que lhe foi concedido de graça, mas não se contente só com isso. Na vida profissional, há quem saiba falar bem, seja hábil com números, ou tenha enorme facilidade para compreender coisas que para a maioria são muito complicadas. A questão é como transformar uma dádiva em uma habilidade prática.

Foco

O segundo fator essencial na corrida para o sucesso chama-se *foco*. Quem tem, chega. Quem não tem, cansa rápido. Ou para pelo caminho, esperando ajuda. Ou vai caminhando lentamente, enquanto seus competidores passam correndo. Ou se acomoda em uma situação que, momentaneamente, parece confortável.

Foco é aquele ponto no futuro em que depositamos nossos sonhos de sucesso. Ele pode estar a um dia de distância ou muitos anos adiante, e isso só depende de nossa capacidade de sonhar. Mas enquanto quisermos que esse ponto mágico esteja lá, esperando por nossa chegada, ele estará. E tudo o que temos de fazer é manter nossa mente e nossas energias concentradas nele.

Quando perdemos o foco, perdemos o rumo. Quando nos desviamos do foco, nos atrasamos. Quando temos vários focos, gastamos tempo e esforço à toa. Mas o pior de tudo é não ter foco. Quando isso acontece, corremos sem saber aonde queremos chegar, e por isso mesmo não chegamos a lugar algum.

Eu mesmo comecei a vida profissional sem foco definido. Aos dezoito anos, trabalhava na área industrial e havia completado um curso técnico de contabilidade. Duas coisas antagônicas, porque não estudei o que fazia, e acabaria por não fazer o que estudei. Até então, meus empregos e meus estudos tinham sido uma maneira de eu satisfazer meus pais. Somente aos vinte anos é que comecei a tomar consciência de que meu futuro podia ser qualquer um, ou nenhum, e que as chances de ser nenhum pareciam bem maiores.

Comecei, então, a fazer perguntas e a ouvir sugestões de pessoas que tinham acumulado experiência, tanto em acertos quanto em erros. Cada pessoa com quem conversava dava aquele "conselho definitivo", em tom imperativo. Juntei tudo o que ouvi, aproveitei o que achava útil e descartei o restante. Não acertei em tudo, mas aprendi o essencial – teria de tomar minhas próprias decisões, porque uma carreira não pode ser delegada a ninguém. A responsabilidade é pessoal e intransferível.

Foi com isso em mente que elaborei esta coletânea de passos profissionais. Nem tudo o que está nestas páginas vai servir para todos, ao mesmo tempo ou em qualquer situação. O objetivo não é o de apontar um só caminho. É o de mostrar caminhos possíveis e os percalços de cada um deles. A estrada do sucesso não é uma reta. É cheia de subidas, descidas, recuos estratégicos e desvios de percurso. O importante é que cada passo dado tenha um sentido, uma finalidade e uma direção. É preciso ter coragem, sempre, mas sem jamais perder o bom senso. Algumas vezes na carreira será preciso recuar ou caminhar lateralmente para contornar uma dificuldade e reencontrar o passo certo.

Boa leitura!

Max Gehringer

QUE TAL MORAR NO CAZAQUISTÃO?

Quais são as respostas corretas para perguntas que os entrevistadores fazem, como "por que você acha que é o melhor candidato para esta vaga?" ou "por que você foi demitido de seu último emprego?"? Talvez muitas pessoas se surpreendam, mas o bom entrevistador está menos interessado na resposta em si e mais na maneira como o candidato formula cada uma das respostas. Ao final da entrevista, o candidato será avaliado por cinco fatores:

- **Comunicação.** É a capacidade de montar frases inteligíveis e fornecer o maior número de informações no menor tempo possível. A comunicação é negativamente afetada por cacoetes verbais, como "ahn?", "tá?" e "veja bem", e também pela postura do candidato. Ficar olhando para as paredes ou mexer-se na cadeira como se estivesse sentado em um formigueiro são pecados mortais.

- **Comprometimento.** Nas respostas, o candidato deve sempre mostrar que quer trabalhar naquela empresa e não em qualquer uma que apareça. Para isso, deve saber um pouco da história de onde quer trabalhar, além de números e fatos atuais. Uma simples busca na internet permite juntar meia dúzia de detalhes importantes.

- **Energia.** O candidato deve deixar claro que, para ele, não há tempo ruim. Aprecia desafios e gosta de superar objetivos.

- **Flexibilidade.** Quem quer a vaga precisa demonstrar que sabe se adaptar a qualquer situação, a qualquer chefe e a qualquer ambiente de trabalho, e que muda amanhã mesmo para o Cazaquistão, se for necessário.

- **Enfoque positivo.** Significa nunca falar mal da ex-empresa, do ex-chefe, dos ex-colegas. Tudo o que passou foi bom e o que não foi tão bom serviu como aprendizado.

À pergunta "qual é seu maior defeito?" um candidato me respondeu certa vez: "Não estar trabalhando ainda nesta empresa". Comunicação, comprometimento e enfoque positivo, além de criatividade, em apenas seis palavras.

AS INFALÍVEIS

Andei pesquisando sites na internet que tratam de entrevistas de emprego. Entrei em sites de países tão diferentes, culturalmente falando, quanto Nova Zelândia, Romênia e Tailândia. Descobri que o mundo está mesmo globalizado. Todos os entrevistadores do mundo fazem seis perguntas básicas aos entrevistados. São elas:

- Que gostaria de falar sobre você?
- Por que quer trabalhar conosco?
- Por que saiu de seu último emprego?
- Quais são seus pontos fortes?
- Qual é seu maior defeito?
- Onde você se vê daqui a cinco anos?

Como seria de se esperar, as respostas sugeridas também são iguais no mundo inteiro. Quem sabe se comportar bem em uma entrevista no Brasil está pronto para ser entrevistado em qualquer lugar, desde que fale inglês.

Mas há três cuidados que os entrevistados devem tomar:

- Falar apenas o suficiente. E isso significa que falar pouco é melhor do que falar muito.
- Dar respostas que tenham a ver com a empresa em questão. Ou seja, se o candidato for mencionar um ponto forte, esse ponto forte precisa se encaixar em uma necessidade daquela empresa.
- Falar mal de antigos chefes ou empregadores, jamais!

Apesar de as entrevistas serem tão iguais, sempre existe um detalhe que pode diferenciar um candidato de outro. E esse detalhe é uma carta de agradecimento. No dia seguinte à entrevista, o candidato deve mandar uma carta ao entrevistador agradecendo a oportunidade, dizendo que aprendeu muito durante a entrevista e reiterando que se sente ainda mais motivado a fazer parte daquela empresa.

No Brasil, talvez um de cada mil entrevistados escreve uma carta de agradecimento. No mundo tão igual de entrevistas iguais e candidatos iguais são essas pequenas providências que acabam fazendo grande diferença.

QUEM ELE É DE VERDADE

Em um processo de seleção, um candidato pode mostrar um perfil mais adequado que outro e acabar ficando com a vaga. E as empresas, ao fazerem suas escolhas e darem a notícia, confundem os profissionais.

Há dois tipos de perfil: o primeiro é o perfil profissional, aquele que a pessoa coloca no currículo. Quando um candidato a emprego é convocado para uma entrevista, significa que o perfil profissional dele se encaixou naquilo que a empresa desejava em termos de escolaridade e de experiência.

As entrevistas servem para avaliar o segundo perfil, o pessoal, que normalmente não aparece no currículo. Digo normalmente porque há pessoas que inserem parte de seu perfil pessoal no currículo ao mencionarem coisas assim: "Gosto de praticar esportes e meu hobby é a leitura".

É claro que, quando se fala em candidato, o perfil é sempre individual. Mas, quando se fala em empresas, o perfil é sempre coletivo. A companhia define uma série de características básicas que gostaria de ver em todos os seus funcionários.

Essa lista de atributos pessoais varia de empresa para empresa. Existem as mais conservadoras e as mais liberais. As mais agressivas ou as mais moderadas. Que dão valor a quem trabalha em equipe ou que fomentam uma feroz competição individual entre seus funcionários.

Quando um profissional ouve que foi bem na entrevista, mas não foi "o" escolhido, não há nada errado com o perfil dele. Simplesmente, demonstrou ter um perfil que seria bem-vindo em várias empresas, mas não naquela em que participou do processo de seleção. A dica é: não adianta um candidato querer mostrar na entrevista que ele é, ou pode vir a ser, o que na verdade não é.

Recebo muitas mensagens de profissionais que se desiludiram com a empresa imediatamente depois de ser contratados. Quase sempre, isso quer dizer que a pessoa representou um personagem na entrevista, mostrando um perfil que não tinha, para conseguir o emprego.

É sempre bom lembrar que a entrevista é só um passo. A verdadeira estrada vem depois, no dia a dia da empresa. Quando você receber a notícia de que seu perfil não serve, é uma boa notícia. Escapou de entrar em uma empresa que não servia para você.

VOCÊ SABE COÇAR A ORELHA DIREITINHO?

Uma profissional participou de uma dinâmica de grupo e não foi selecionada. Recebeu do mediador uma explicação que a deixou perplexa. Ele disse que não a havia escolhido por causa de sua comunicação não verbal. E mencionou meia dúzia de gestos que ela considera normais, mas ele não: cruzar os braços ou balançar os pés, por exemplo.

Imagine a seguinte situação: você está conversando com uma pessoa e, de repente, ela dá um longo bocejo. Você pode concluir que ela está com o sono atrasado ou que está demonstrando desinteresse por aquilo que você fala.

Isso é comunicação não verbal. Seu corpo fala por você.

Em entrevistas de emprego, esses sinais são levados em conta, principalmente se o entrevistador for um psicólogo. Existem alguns gestos que têm uma interpretação quase universal. Cruzar os braços indica que o candidato está na defensiva. Desviar o olhar na hora de responder significa que o candidato está indeciso, ou pode pregar uma mentira.

Mas, certamente, há um problema nessas avaliações. É o de enquadrar todo e qualquer candidato em uma cartilha básica de gestos. Um mesmo gesto significaria sempre a mesma coisa. Se pensarmos nas pessoas com as quais convivemos há tempos, vamos nos lembrar de alguém que sempre nos escuta de braços cruzados e nem por isso deixa de mostrar interesse no que falamos. Nesse caso, cruzar os braços é natural naquela pessoa, um gesto que vem de anos e virou marca registrada, e não uma reação defensiva.

Você pode ter o cacoete de balançar os pés desde a infância, o que não significa ansiedade em uma dinâmica de grupo. Bons entrevistadores levam em conta esse fato óbvio e sabem tirar conclusões adequadas. Entrevistadores que só decoraram a cartilha, e descobriram que coçar a orelha é sinal de desconfiança, podem eventualmente eliminar o melhor candidato. Aquele que tinha apenas uma pulga atrás da orelha.

DE OLHO NO RELÓGIO

Muitos candidatos a um emprego não sabem identificar se tiveram boa performance em uma entrevista. Se ao final dela o entrevistador disser: "Você foi bem", não é conveniente sair comemorando. Esse é um cumprimento padrão, que equivale mais ou menos às frases profissionais sem muito conteúdo, como "então a gente se fala", ou "vamos tomar um café dia desses". São frases mais simpáticas do que sinceras.

Existem algumas coisas que você pode deduzir durante a entrevista:

- Se o entrevistador não olhou o relógio nenhuma vez é sinal positivo. Caso tenha olhado uma vez só é negativo. Mais de uma vez é desastre.

- Se o entrevistador, a cada vez que você tenha terminado de dar uma resposta, passou à pergunta seguinte, sem fazer nenhum comentário, é indício de que a entrevista se tornou burocrática. Se ele pedir que você explique melhor uma resposta, ou dê exemplos, ou conte uma história pessoal, é sinal de interesse.

- Se o entrevistador interromper você no meio de uma resposta significa que você está indo pelo caminho errado. Ou falando muito, ou não sendo claro, ou fugindo do assunto. Se interromper você duas ou três vezes, é porque está perdendo a paciência. O bom é quando o entrevistador usa a comunicação não verbal para incentivar você a continuar falando, como um sorriso, ou um gesto, ou uma afirmação movendo a cabeça. Se ele inclinar o tronco em sua direção, reduzindo a distância entre vocês, é indicativo de que você está agradando. Caso ele se recoste na cadeira, é porque parou de escutar.

- Se você for bem, alguém da empresa fará contato em menos de dez dias. Se em vinte dias você não receber notícias, é hora de começar a pensar na próxima entrevista.

RÓI AS UNHAS?
ESQUEÇA

Quem está tentando encontrar um bom emprego em uma grande empresa sabe que existem etapas a ser ultrapassadas. Uma delas é a dinâmica de grupo. O formato mais utilizado é o de tribuna aberta: uma dúzia de candidatos senta em forma de semicírculo e um mediador faz perguntas e anota o que cada um responde. Repara como o candidato está vestido, como se comporta, se rói as unhas, se usa gíria – coisas que todo mundo faz e não nota.

Quem passa por dinâmica de grupo sai, invariavelmente, achando que fez muita coisa errada. Alguns acreditam que poderiam ter falado mais, outros, que deveriam ter falado menos. Aqui estão algumas regrinhas básicas:

- **Vestir-se do jeito que a empresa se veste.** Ir de camiseta e jeans, e descobrir que todo mundo usa terno, incluindo o mediador, é começar marcando um gol. Gol contra.

- **Encontrar um alvo prático para qualquer comentário.** Por exemplo, quem pratica alpinismo, ou toca guitarra, deve dizer como essa habilidade poderá ser útil no trabalho.

- **Falar muito.** Ou falar pouco. Parece contraditório, mas não é. Falar muito é não deixar passar qualquer oportunidade para dizer alguma coisa. Em dinâmicas de grupo, o silêncio não é visto como sinal de sabedoria. É visto como falta de assunto. Por isso, interrompa educadamente quem estiver falando e fale pouco. O que você tem a dizer deve caber em trinta segundos. Porque você também será interrompido. E não desperdice esse tempo precioso dizendo coisas banais, como "com certeza", "tipo assim" ou "vou procurar dar o máximo de mim" – a não ser que a dinâmica seja para escolher um novo lateral direito.

- **Estar atualizado.** Leia dois ou três jornais do dia antes de sair de casa. Alguém pode se perguntar: o que o governo de Barack Obama tem a ver com a vaga de assistente administrativo? A resposta é: absolutamente nada. Mas não faço as regras da dinâmica de grupo. Tento apenas explicá-las.

PONTUAL, SIMPÁTICO E CORDIAL

Entrevistas de emprego sempre geram tensão, não importa a idade e a experiência do candidato ou o cargo a que concorre. Por mais autocontrole que um profissional tenha, na hora "H" ficará nervoso como um artista que vai entrar no palco. Porque, naqueles quinze minutos, o futuro pode ser decidido. Ou, pelo menos, o futuro próximo.

Um candidato pode dar uma derrapada antes mesmo de entrar na sala do entrevistador. São pequenas mancadas que acabam tendo influência na escolha final. Aqui vai uma lista delas:

- **Sair de casa com a roupa errada.** Cada empresa tem um modelo de vestuário a ser seguido. Para decifrar qual é, o candidato pode ficar, no dia anterior à entrevista, na rua em frente à empresa, observando as pessoas que entram e que saem.

- **Chegar na hora errada.** Apresentar-se muito antes da hora marcada, com vinte ou trinta minutos de antecedência, passa a impressão de desespero para conseguir o emprego. Chegar em cima da hora demonstra desinteresse ou falta de planejamento. Chegar atrasado não tem desculpa. O ideal é estar na empresa dez minutos antes da hora marcada.

- **Não ser cordial.** A simpatia deve começar na portaria e se estender à recepcionista, às pessoas no elevador e a qualquer outra que o candidato cruzar pelo caminho. Alguém que ocasionalmente encontrou pode influir na contratação com um simples comentário, até porque ele ainda não sabe quem é quem na empresa. Por isso, passar uma primeira imagem de simpatia ajuda muito.

Estar vestido adequadamente, chegar no horário certo e ser cordial são atitudes que deixam o candidato mais tranquilo. Os mais relaxados sempre têm melhor performance nas entrevistas.

JÁ, DAQUI A POUCO E LÁ NA FRENTE

Há quem ainda fique na dúvida sobre a resposta "mais correta" quando o entrevistador pergunta qual é seu objetivo profissional. Se você não sabe exatamente o que responder, seu problema é muito maior do que imagina. Ou sabe o que dizer, mas está mais preocupado com o que acha que o entrevistador quer ouvir.

Se o entrevistador não mencionar o fator tempo, você deve responder que tem três objetivos profissionais: um de curto prazo, um de médio prazo e um de longo prazo. O de curto prazo, ou seja, já, é entrar na empresa e executar bem o trabalho para o qual foi contratado. O de médio prazo, pelos próximos três anos, é continuar estudando para não ficar desatualizado e aproveitar todas as oportunidades que a empresa lhe der para evoluir na carreira. E o de longo prazo, daqui a cinco anos, será o de poder olhar para trás e se sentir satisfeito com suas escolhas em termos de escola e de profissão.

Tudo isso pode parecer "abobrinha", mas o erro que muitos jovens profissionais cometem é o de pensar nos objetivos de longo prazo antes mesmo de terem feito a lição de casa no curto e no médio prazo. Se um estagiário começar a pensar e a falar como gerente, apontando erros e soluções que vê para a empresa, muito provavelmente não será efetivado ao fim do estágio. Não porque não seja inteligente, ambicioso ou criativo, mas porque não entendeu que o objetivo de curto prazo de um estagiário é ser o melhor estagiário.

Qualquer que seja a idade e a função de um profissional, ele continua tendo objetivos de curto, médio e longo prazo. Por isso, é bom ter em mente que o longo prazo sempre será mais uma consequência do que qualquer outra coisa. Mais do que um objetivo, será uma direção, que poderá mudar e mudará algumas vezes durante os próximos anos, dependendo das ações e dos resultados no curto prazo. Ou, em outras palavras, o amanhã só será bom para quem mostrar que é bom hoje.

SECRETÁRIA = SEGREDO

Quem está estreando em alguns processos para vaga de secretária não pode cometer erros básicos na hora da entrevista. Supondo-se que você seja essa pessoa, é preciso que saiba duas coisas:

- Está bem preparada na parte técnica? Preenche os pré-requisitos que todas as empresas pedem, como cursos de idiomas?

- Está afiada na parte não técnica? Na contratação de uma secretária, esse "lado" tem um peso muito grande. Secretária é um cargo de confiança, mais que qualquer outro cargo, ou função, em uma empresa. Por isso, o futuro chefe vai ficar atento a certos detalhes, aos quais não daria atenção se estivesse preenchendo outro tipo de vaga.

Vista-se com elegância, mas discretamente. Não exagere na maquiagem, no perfume, nos anéis, nas pulseiras e nos brincos. Unhas longas e cores de esmalte chocantes mais atrapalham que ajudam.

Não coloque nada sobre a mesa. Nem a bolsa, nem o celular. E não se esqueça de desligar o celular no mínimo cinco minutos antes de entrar na sala.

Fale apenas o estritamente necessário. Não conte longas histórias. Não por acaso, a palavra secretária vem de segredo.

Sorria sempre que houver chance de sorrir. Essa atitude vai passar a imagem de que você é uma pessoa agradável com quem valerá a pena o chefe conviver durante oito horas por dia.

Se o entrevistador fizer uma pergunta pessoal, não fique ofendida. Por exemplo: você namora? Apenas responda que o entrevistador não precisa se preocupar, porque você já organizou muito bem todos os aspectos de sua vida pessoal, e ela nunca interferirá em seu trabalho.

No final, quando o entrevistador disser se você gostaria de dizer algo, sorria e apenas pergunte: "Quando posso começar?".

A ANSIEDADE
É QUE
MATA

No final da entrevista de emprego, alguns entrevistadores costumam dizer que o candidato saiu-se bem e tem o perfil exigido para a vaga, mas que deverá aguardar – será avisado assim que surgirem novidades. Esse período de angústia, entre a entrevista e o telefonema da empresa, pode durar bem mais que quinze dias. O que fazer, então, para diminuir a ansiedade, que só tende a atrapalhar? Ligar para o entrevistador? Mandar um e-mail? Ir à empresa pessoalmente?

Apesar de a tensão ser mais que justificável, o candidato deve saber que:

- Processos de seleção são demorados. Como não sabe quantos profissionais foram entrevistados antes dele, nem quantos seriam depois, pode ser que o processo ainda esteja em andamento.

- Entrevistadores normalmente dizem que o candidato foi bem. Isso reduz a angústia, mas aumenta a expectativa.
- A maioria das empresas não costuma ligar para todos os que passaram por um processo e não serão contratados. Empresas deveriam fazer essa gentileza, mas não fazem.

Se o candidato não estiver conseguindo dormir direito, é melhor ligar para o entrevistador. Mas ligar preparado para ouvir uma resposta negativa. E, se ela vier, não se preocupar em perguntar por que não foi contratado. Apenas agradecer a oportunidade. O mais importante é não ficar se torturando, ou imaginando que fez tudo errado.

Processos são assim mesmo, apenas 5% dos entrevistados são contratados. O simples fato de ter sido chamado para uma entrevista em uma boa empresa já demonstra que é um candidato com ótimo potencial.

DECIFRANDO O ENTREVISTADOR

Quais são as respostas adequadas a certas perguntas que se repetem na maioria das entrevistas de emprego? A mais adequada em um caso pode não ser a mais adequada em outro, porque os entrevistadores não são iguais. Podem reagir de modo diferente a uma mesma resposta. Por isso, a primeira coisa que um candidato deve fazer é decifrar o entrevistador. Existem três tipos:

- **Aquele que parece ser contra o candidato.** Suas perguntas são agressivas, como "qual é seu maior defeito?". Ou "por que você quer sair de seu emprego atual?". Ou "você já teve algum problema de relacionamento?". Alguns tentam até desconcertar o candidato. Caso tenha se formado em uma faculdade pouco conhecida, o entrevistador diz que nunca ouviu falar dela e pode perguntar até onde fica. Resultado: o candidato está sempre na defensiva.

- **Aquele que deixa o candidato à vontade.** Passa a impressão de que o candidato está praticamente contratado. É o entrevistador boa gente, que sorri, diz ao candidato que pode pensar durante o tempo que quiser antes de responder e ainda o ajuda em uma ou outra resposta.

- **Aquele que é enigmático.** Faz perguntas curtas, ouve as respostas sem demonstrar qualquer reação, mantém longas pausas durante a entrevista.

No primeiro caso, o candidato sempre sai da entrevista achando que foi mal. No segundo, que foi bem. No terceiro, sai na dúvida. Nos três casos, porém, há uma coisa que o candidato deve evitar: falar demais.

Quando o entrevistador é amigão, o candidato faz confidências que não deveria fazer. Quando o entrevistador é enigmático, o candidato tenta preencher as pausas da conversa mesmo quando não tem o que acrescentar. Em resumo, o candidato deve ter em mente que o entrevistador é como a esfinge, que dizia: "Decifra-me ou te devoro".

SERIA LÓGICO SE ELE SE COMPORTASSE ASSIM...

Depois de passar por muita seleção de emprego, uma profissional listou as atitudes que todo candidato gostaria que um bom entrevistador tivesse. São doze dicas muito lúcidas que podem servir de reflexão para quem entrevista.

- Convoque candidatos externos quando tiver certeza de que não há alguém dentro da própria empresa que possa preencher a vaga.
- Cumpra o horário estabelecido. Atrasar é desrespeitar o candidato.
- Desligue o celular. Atender a uma chamada durante uma entrevista é sinal de menosprezo.
- Leia o currículo antes da entrevista para evitar perda de tempo – seu e a do candidato.

- Faça a entrevista em local reservado para que o candidato possa se sentir minimamente confortável.
- Avise que você não quer ser interrompido durante a entrevista.
- Preste atenção ao que o candidato diz. Nem todos dão respostas decoradas.
- Não faça perguntas estúpidas, a exemplo de: "Como você se sente trabalhando sob pressão?". Você imaginaria que um candidato responderia: "Quando sou pressionado, começo a chorar e a gritar"?
- Não dê a impressão de que sabe mais que o candidato sobre a empresa em que ele trabalhou, a não ser que você também tenha trabalhado lá.
- Respeite o postulante à vaga. Agressividade gratuita não pega bem. Querer parecer o dono do mundo, menos ainda.
- Dê retorno ao candidato que não foi escolhido para a vaga. Não o considere um objeto descartável.
- Lembre-se de que amanhã o entrevistado pode ser você. Por isso, não trate alguém como não gostaria de ser tratado.

ENSAIE, ESCREVA, CORTE O CABELO

Jovens que procuram um estágio, ou o primeiro emprego, devem levar em conta algumas das sugestões listadas a seguir.

- É recomendável mandar currículos para empresas e se cadastrar em sites, mas as chances de receber uma resposta são muito pequenas. Quem fica apenas aguardando ser chamado está perdendo um tempo precioso.

- Dê um trato no visual para começar a se parecer com um candidato a emprego. Com exceção de empresas muito modernas, nas quais os empregados podem trabalhar de bermuda, o mercado de trabalho ainda pende para o lado conservador.

É melhor ter uma roupa discreta de prontidão no armário e optar por um corte de cabelo que não chame a atenção.

- Faça uma lista de pessoas que podem ajudar. Antigos professores ou amigos dos pais que estejam bem empregados. Sem constrangimento, mande e-mails para eles e peça ajuda. Relacionamentos pessoais abrem muito mais portas que currículos.

- Leia e escreva bastante. Embora a maioria dos jovens esteja preocupada com o inglês, é o teste escrito em português que elimina 70% dos candidatos a emprego. Se for o caso, contrate um professor de gramática.

- Ensaie o que dirá ao entrevistador. Peça para alguém fazer as perguntas mais comuns em entrevistas e formule as respostas até se sentir confortável. O nervosismo durante a entrevista ocorre exatamente porque o jovem apenas pensou nas respostas. Na hora de falar, parece que as palavras não se encaixam.

- Tenha paciência. Em média, um jovem passará por doze processos até conseguir ser aprovado em um. Nessa hora, é bom pensar na palavra reprovação. Que não significa rejeição. Significa exatamente o que diz: re-provar, provar de novo. Ou seja, o jovem que não foi aprovado em um processo não provou que é ruim. Apenas ganhou outra chance para provar que é bom.

"RECLAMÕES" E IMPACIENTES

Quem faz recrutamento para grandes empresas ouve, com frequência cada vez maior, queixas de que vem errando a mão quando se trata de escolher candidatos jovens. Segundo as empresas, os jovens mostram muita ambição e pouca determinação. É a chamada geração Y.

A definição é americana e pode ser mais ou menos adaptada às condições brasileiras. São jovens de classe média, com boa formação escolar, que cresceram em um mundo tecnológico. Muitos ganharam o primeiro celular antes de entrar na adolescência. Muitos são filhos de pais separados. Muitos começam a procurar emprego somente depois de terminar a faculdade. A relativa liberdade de expressão que tiveram em casa faz esses jovens ficarem frustrados quando começam a trabalhar em empresas tradicionais, de hierarquia rígida, como é o caso da maioria das companhias brasileiras. Nesse momento, começam as acusações.

- **Eles não gostam de trabalhar.** Não, eles não gostam de tarefas rotineiras, cuja aplicação prática não é bem explicada.

- **Eles reclamam de tudo.** Não, eles são contestadores, porque foram educados em um ambiente que lhes permitiu argumentar com os pais.

- **Eles são impacientes.** Sim, eles buscam reconhecimento imediato e ascensão rápida.

- **Eles não têm compromisso com a empresa.** Sim, eles têm compromisso com eles próprios e com a carreira. Por isso, mudar de emprego é natural.

- **Eles falam demais.** Sim e não, eles querem ser ouvidos. E são raríssimas as empresas com canais de comunicação que permitem que a opinião de um jovem assistente chegue aos ouvidos do presidente.

A expressão geração Y surgiu quando esses jovens deixaram de consumir as marcas que seus pais consumiam e as empresas tiveram que mudar seu marketing para se adaptar à realidade. Essa mesma realidade está, agora, chegando ao mercado de trabalho. Se esses jovens se adaptarão às empresas ou as empresas a eles o tempo dirá.

E O
FUTURO
VEM AÍ

Quais são as profissões do futuro? Há três áreas bem promissoras: informática, administração e os ramos mais conhecidos da engenharia. Em relação ao número de formandos, essas foram as áreas que mais geraram empregos nos últimos dez anos e continuarão a produzir pelos próximos dez.

Certamente, você deve ter lido vários artigos que listavam profissões pouco conhecidas. Na internet, basta uma simples busca para encontrar algumas delas, como engenharia de petróleo, engenharia ambiental, técnico florestal ou técnico de recursos hídricos. Essas são profissões do futuro? Sim, sem dúvida. Mas a pergunta que um jovem deve se fazer é outra: essa é uma profissão que vai me dar futuro? Quando eu tiver um diploma na mão, vou ser procurado por empresas que oferecerão vagas nessas áreas? A resposta certa é não.

O número de formandos nessas áreas será bem maior que o número de ofertas de emprego. E a corrida pela vaga será decidida daquela maneira que costumamos chamar de "isso não é justo". Ou seja, a limitada quantidade de vagas oferecidas será conquistada pelos alunos mais brilhantes das universidades mais famosas, ou pelos formandos não tão brilhantes que conhecerem profissionais que possam indicá-los diretamente para uma vaga. Isso significa, em números aproximados, que oito de cada dez formandos nas chamadas profissões do futuro não terão futuro em suas profissões.

O que é pior, um jovem que começa a trabalhar em uma área administrativa e opta por um curso com um nome atrativo acabará não estudando aquilo que já faz. E mais tarde não conseguirá fazer aquilo que estudou, ficando em posição de desvantagem em relação aos colegas que se aperfeiçoaram naquilo que já faziam.

Em resumo, quando uma profissão ganha o apelido de "profissão do futuro", imediatamente um grande número de escolas passa a oferecer cursos e a caprichar na propaganda para atrair interessados. Quatro ou cinco anos depois, a maioria dos formandos descobrirá que as chances efetivas de se empregar na área são mínimas e precisará procurar emprego em setores que oferecem mais vagas, mas com um diploma que nada tem a ver com a função. Isso não quer dizer que um jovem não deva considerar um curso pouco usual. Mas, ao se matricular nele, tem de estar consciente de que precisará mais do que o diploma para conseguir uma vaga.

TÉCNICO ABRE PORTAS

Durante a maior parte do século XX, não existiram dúvidas sobre a finalidade de um curso técnico. O próprio nome do curso já deixava clara a direção que o formando seguiria na vida profissional. Por exemplo, técnico em contabilidade, técnico mecânico ou técnico desenhista projetista. Atualmente, os cursos técnicos continuam sendo o que sempre foram, totalmente orientados para a prática. Ao se formar, o jovem terá uma profissão.

Durante a maior parte do século XX, fazer um curso superior era a aspiração de uma minoria de jovens. De cada cem alunos que ingressavam no primeiro grau, um ou dois concluiriam um curso superior quinze anos depois.

Essa situação mudou completamente nos últimos vinte anos, por causa de dois fatores. O primeiro foi a proliferação de faculdades no Brasil; o segundo, o surgimento de cursos tecnológicos em nível superior. Esses dois fatores permitiram que um diploma de ensino superior se tornasse muito mais acessível, mas criaram, ao mesmo tempo, um hiato no mercado de trabalho.

Hoje, o maior índice de desemprego atinge os jovens até 24 anos com diploma de bacharel ou de tecnólogo. Existe uma carência de técnicos no mercado de trabalho, porque, à primeira vista, um curso superior parece oferecer mais oportunidades que um curso técnico.

Outro engano que muitos jovens cometem é o de achar que um curso superior tecnológico, de dois ou três anos, tem exatamente o mesmo peso que um curso superior de quatro ou cinco anos. Lamento dizer que não tem. Um curso tecnológico, assim como um curso técnico, prepara um jovem para uma função bem específica. Já um curso de quatro ou cinco anos amplia o tamanho do alvo que poderá ser mirado pelo formando.

Ao optar por um curso tecnológico, o jovem deve saber o que deseja na vida profissional. Não pode fazer o curso tecnológico pensando em economizar tempo ou cortar caminho. Caso contrário, acabará desempenhando funções que não exigem especialização e que nada terão a ver com o que estudou.

Em resumo, para quem precisa trabalhar, o curso técnico ainda é a via mais fácil de ingressar no mercado de trabalho, porque a concorrência é menor. O curso tecnológico é a opção para quem tem um foco bem definido e não pensa em dar grandes saltos na carreira em médio prazo. O bacharelado poderá proporcionar uma carreira mais ampla, mas a concorrência para conseguir o primeiro emprego será muito maior. Por isso, quem não tem bom círculo de relacionamentos, o dito *networking*, sofrerá bem menos se optar por um curso técnico ou pelo tecnológico correto.

MERCADO IDEAL E NÃO REAL

Por que a gente não aplica na empresa o que aprendeu na faculdade? Essa é uma pergunta que muito iniciante na carreira se faz. Começando pelo óbvio, faculdades existem para preparar um jovem para o mercado de trabalho. Portanto, ele deveria ser exposto durante as aulas às mesmas situações que vai encontrar em uma empresa. Isso ocorre de fato? Não exatamente.

De modo geral, as faculdades preparam o jovem para um mercado de trabalho mais teórico do que prático. Mais ideal do que real. Quem já assistiu a uma aula sobre como lidar com o chefe? Ou sobre como conviver com um colega carreirista? Ou sobre como conduzir uma negociação? Não raramente, recebo mensagens de estudantes que dizem: "Meu professor leu um texto seu na classe. Achei interessante". Eu me sinto mais preocupado do que contente. Não classificaria como interessante um texto sobre como pedir aumento de salário, por exemplo. Interessante é um texto sobre o teorema de Pitágoras, que não terá qualquer influência na carreira profissional de um jovem.

A grande diferença entre a faculdade e o emprego está na transição da individualidade para a coletividade. O aluno é um ser individual. As notas que consegue não são influenciadas pelo desempenho de seus colegas de classe. Mesmo que a maioria dos colegas tenha uma opinião negativa sobre um aluno, ele não terá suas notas afetadas.

Em empresas, esses dois fatores são vitais. O relacionamento e a competição direta podem construir ou implodir uma carreira. É por isso que não me canso de recomendar aos jovens que comecem a trabalhar bem cedo. De preferência, antes de iniciar a faculdade. Somente assim um jovem poderá equilibrar o que ouve em classe com o que vive no dia a dia da empresa. Chegar aos 24 anos apenas estudando não transformará um jovem em um profissional bem preparado para o mercado de trabalho.

Cursos são ótimos, e quanto mais, melhor. Mas passar tempo demais fazendo apenas cursos levará à pergunta: por que a empresa não funciona de acordo com o currículo da faculdade? Porque a faculdade ensina como o mundo corporativo deveria ser, mas somente a prática mostra como ele realmente é. É a soma dessas duas coisas, e não o excesso de uma delas, que forma um bom profissional. Atualmente, os dois fatores que mais limitam carreiras são a experiência sem estudo e o estudo sem experiência.

FUJA DAS ARMADILHAS

Agências picaretas têm aplicado o golpe do emprego. Muitos profissionais estão frustrados, porque foram enganados e não conseguiram recuperar o dinheiro que pagaram a título de taxa de prestação de serviços. Mas, claro, existem agências de recolocação honestas e decentes. E, você, que está à procura de emprego, deve se perguntar: qual a diferença entre uma agência picareta e uma agência decente?

São três as diferenças. A agência picareta faz contato com a vítima. A decente é procurada por um profissional em busca de orientação.

A agência picareta menciona um emprego como se já estivesse praticamente certo. No contato, afirma que uma empresa está em busca de um profissional com o currículo e a experiência iguais aos da vítima. A agência decente não promete nada, ajuda na elaboração de um currículo e o envia para diversas empresas. Algumas agências decentes treinam a pessoa para se comportar bem em uma entrevista.

A agência picareta cobra antecipadamente uma taxa e afirma que esse valor pago resultará em emprego em curtíssimo prazo. A agência decente afirma que o profissional será avisado assim que surgir uma empresa interessada, apesar de não haver data certa para isso acontecer.

Cabe a cada um perceber a diferença entre uma oportunidade e uma armadilha. O problema, infelizmente, está na proporção. Na situação atual, em que o número de boas vagas diminui, a ansiedade aumenta. O número de armadilhas também.

**REUNIÃO
COM
SUSHI**

               Encontros de negócios durante almoços são cada vez mais comuns. Até uma década atrás, essa boca-livre era privilégio apenas de diretores. Hoje, está mais acessível a todos os níveis da empresa. Faz sentido. Em vez de marcar uma daquelas reuniões chatas no escritório, em que a maior mordomia é o cafezinho, por que não misturar uma discussão estratégica com um peixinho grelhado, já que a empresa está pagando?

Quem participa desses almoços ignora o futuro que esses encontros podem representar. Porque os integrantes de outras empresas, que estão ali, dividindo saladas e sobremesas, devem ser encarados como fonte de referência no caso de surgir uma oportunidade de emprego na empresa em que atuam. Por isso, há algumas regrinhas que devem ser observadas para não comprometer uma possível indicação. A primeira é ingerir o mínimo possível de bebida alcoólica, mesmo que os demais estejam entornando garrafões. Na hora de uma indicação, os outros vão esquecer daquilo que fizeram, mas vão lembrar do que fizemos.

A segunda é jamais falar mal da empresa em que estamos trabalhando e nunca fazer comentários pessoais e indiscretos sobre colegas de trabalho.

A terceira é evitar contar piadas, mas rir de piadas alheias.

A quarta é respeitar a hierarquia. Se do outro lado da mesa houver um diretor cheio de pose, é sensato concordar com tudo o que diz. Não porque as opiniões dele sejam relevantes, mas porque pode vir a ser nosso futuro chefe.

No pós-almoço, vem a parte mais importante: mandar um e-mail, ou telefonar, agradecendo e elogiando a companhia. No fundo, boa parte de tudo isso é apenas um teatro. Mas uma entrevista também não deixa de ser. Com a desvantagem de não ter nem pãozinho com manteiga.

**COMO
CATIVAR
A PLATEIA**

Há quem tenha muitas dúvidas de como montar uma apresentação. Dessas que são feitas dentro de empresas. Então, aqui vai uma listinha daquilo que aprendi na prática.

- **A plateia, pelo que se sabe, é alfabetizada.** Por isso, o apresentador não deve ler frases inteiras que os ouvintes possam ler por conta própria. O melhor é colocar um título curto e desenvolver o assunto.

- **Os brasileiros são ocidentais.** Quando veem um material visual, os olhos seguem sempre o mesmo caminho: da esquerda para a direita, de cima para baixo. É nessa ordem que a tela da apresentação deve ser montada. Começar a falar de algo que está no canto direito enquanto a plateia está olhando para o canto esquerdo causa dispersão.

- **Cada tela deve ter apenas um assunto.** Já vi apresentações perderem o ritmo porque o apresentador lista vinte tópicos em uma tela só. Começa a explicar o primeiro, enquanto os participantes estão lendo os outros dezenove. É importante que a plateia nunca saiba qual será o tópico seguinte. É isso que mantém as pessoas atentas.

- **Tudo o que estiver na tela deve ser comentado.** Mas não se deve falar nada que estiver fora dela. Escrever o mesmo título em todas as telas desvia a atenção de quem assiste, além de poluir a apresentação. Falar algo que não está ali faz os participantes procurarem onde está aquele assunto e deixarem de ouvir o que está sendo dito.

- **Letras bem grandes devem ter preferência.** Letras pequenas são hipnóticas, dão sono. Uma planilha cheia de numerinhos e de letrinhas nunca deve ser colocada em uma tela.

Algo que sempre dá certo: na primeira tela, mostre quanto tempo vai durar a apresentação. Se o tempo for inferior a vinte minutos, a plateia ficará agradecida e tenderá a se mostrar muito mais favorável às ideias do apresentador.

UM POUQUINHO A MAIS

Muitos profissionais se perguntam qual a melhor maneira de conseguir um aumento de salário. Em sua esmagadora maioria, os pedidos individuais de aumento são negados porque quem pede sempre tem um bom motivo para pedir, mas jamais consegue convencer a empresa de que ela tem um bom motivo para dar. Isso ocorre por uma razão muito simples: quem está de olho em um aumento enxerga a empresa como solução do problema e não como parte interessada. Aqui estão cinco exemplos de boas razões para exigir aumento.

- **Primeiro:** os colegas de outras empresas ganham mais que você.

- **Segundo:** já faz quatro anos que não recebe aumento de salário.
- **Terceiro:** seu cheque especial estoura todos os meses.
- **Quarto:** suas despesas aumentaram.
- **Quinto:** pessoas que entraram na empresa bem depois de você estão ganhando mais.

Esses são motivos razoáveis? Claro que são. Mas todos são motivos unilaterais. Analisando friamente, a empresa não tem nada a ver com nenhum deles. Por isso, oito de cada dez aumentos são concedidos quando a empresa se torna parte integrante do problema. Ou seja, quando um bom empregado recebe uma proposta melhor. Nesse momento, a empresa tem que contratar um substituto – e isso gera custos. Tem que treinar o substituto – mais um custo. Durante algum tempo, o substituto tem uma produtividade menor – outro custo. Finalmente, se o substituto não dá certo, todo o processo tem que recomeçar – um tremendo custo.

Para a empresa, é mais razoável fazer uma contraproposta e segurar o funcionário. O melhor caminho para conseguir aumento é passar o mico para a empresa. Mas se o funcionário não tiver um convite melhor, infelizmente, continuará com o mico.

DE QUANTO É A "CAIXINHA"

Certa vez, um profissional recebeu uma proposta muito boa de uma empresa, embora tivesse um senão: seria registrado por um salário mais baixo e receberia o restante por fora. Teria de providenciar notas fiscais, como as de restaurantes e postos de gasolina, para que a diferença nos vencimentos pudesse ser legalmente contabilizada como despesa. A empresa sustentava que essa era uma prática comum no mercado de trabalho, porque os impostos no Brasil são muito altos, e esse seria o modo de pagar bem um funcionário sem onerar tanto seus cofres.

O que a empresa propôs, porém, é uma infração fiscal. Os impostos são realmente altos no Brasil. Chegam a ser absurdos se comparados aos de outros países. Mas isso não dá a nenhuma empresa o direito de estabelecer suas próprias leis para compensar um absurdo legal com um absurdo ilegal.

Há outros inconvenientes. O primeiro é que em uma futura entrevista de emprego o profissional terá de confessar que aceitou uma forma ilegal de pagamento, e isso vai lhe fechar as portas de todas as empresas que agirem dentro da lei.

O funcionário perderá parte do salário que deveria receber, como o fundo de garantia, por exemplo.

Quando quiser comprar algo em prestações, não poderá comprovar a renda que realmente tem.

No momento em que uma empresa propõe algo ilegal, o profissional tem razões para imaginar que ela pode praticar outros atos ilegais. Caixa dois ou sonegação, por exemplo.

O que está em discussão não é o salário. É a ética. Ao aceitar a proposta, o profissional estaria ajudando a empresa a competir, deslealmente, com outra empresa que cumpre suas obrigações legais.

ESTICANDO, ESTICANDO...

Fazer hora extra é normal. As pessoas nem percebem que passam dez, doze horas no escritório e ainda dizem que trabalham com motivação e entusiasmo. É verdade que, em certas situações, ir além do expediente é até recomendável. Mas, fora as exceções, como o Edgar, um colega de 43 anos, que mora sozinho, não tem namorada, nem cachorro e muito menos gato, os funcionários esticam as horas trabalhadas por um dos três motivos abaixo.

- **Estratégico.** Ninguém vai embora enquanto o chefe não for; caso contrário, o último que fica aproveita para bater um papo em particular com ele. De repente, sai uma promoção, e quem foi embora cedo acaba sendo prejudicado.

- **Semântico.** Quem estica o horário é visto pela alta direção como compromissado com os princípios da empresa. Ninguém sabe direito quais são esses princípios, mas um deles pode ser ficar até mais tarde.
- **Cultural.** Todo mundo estende o período de trabalho, mas ninguém consegue se lembrar quando isso começou, por que começou e por que continua até hoje.

Trabalhei em uma empresa na qual, culturalmente, ninguém ia para casa antes das nove da noite. Um dia, o novo presidente mandou o zelador desligar a chave geral do escritório às seis da tarde. Os funcionários ficaram surpresos. Não porque não havia energia. Mas porque o trabalho não atrasava.

Na semana seguinte, o novo presidente perguntou por que fazíamos tanta hora extra. Ninguém soube explicar. O único que saberia com certeza era o seu Manoel, da tesouraria. Mas ele havia se aposentado em 1984.

QUE
DINHEIRO EXTRA
QUE NADA

Outro dia, recebi uma consulta complicada. Escreveu para mim um profissional que trabalha na área comercial de uma grande empresa. Disse ele: "Todas as sextas-feiras, temos uma reunião depois do expediente com duração de duas horas. Segundo o gerente, essa reunião serve para alinhar os objetivos da equipe para a semana seguinte e é também uma oportunidade para abordarmos temas novos. A maioria de meus colegas concorda com o gerente, ou faz de conta que concorda. Por medo ou por puxa-saquismo, vivem repetindo o que o gerente fala: que a reunião é importante, porque aumenta a união do grupo e permite que cada um possa colocar suas dúvidas, sem telefone tocando nem gente interrompendo. Para mim, essa reunião é ilegal, porque não ganhamos hora extra. Por isso, entro quieto e saio calado. Gostaria de saber como proceder para me livrar dessa reunião".

Vamos supor que a empresa comece a pagar as horas extras aos participantes. Isso faria você mudar de opinião quanto à validade da reunião? Ou, pelo menos, você se comportaria de forma mais ativa, já que estaria sendo pago para emitir opiniões? Arriscaria a dizer que sua resposta seria "sim" para as duas perguntas. Nesse caso, seu problema não é a reunião em si. É muito mais a sensação de estar trabalhando de graça.

Já que a reunião é aberta a qualquer tema, hora extra é um bom assunto a ser discutido. Você pode tentar conseguir a adesão de alguns colegas e propor o pagamento dessas horas a mais. Se 20% deles concordarem em fazer a solicitação, provavelmente mais colegas resolvam aderir, já que vocês não estariam solicitando nada de anormal.

Mas e se nenhum colega concordar em pedir horas extras? Você continuaria tendo razão, porque empresas não podem forçar os empregados a esticar o expediente sem a devida remuneração. Nesse caso, você pode dizer simplesmente que não vai mais participar, mas saiba que sua atitude terá consequências imprevisíveis. Você pode também encontrar algo útil para fazer na sexta-feira, como um curso, e comunicar que está impedido de continuar participando da reunião.

Em resumo, não há uma saída fácil para a situação. Ao se colocar sozinho em uma posição antagônica à de um grupo, um profissional tende a ser isolado, porque a opinião de um grupo, mesmo que não seja a mais acertada, sempre se sobrepõe à razão de um só, por mais certa que seja.

QUANTO MAIS ESTRATEGISTA, PIOR

Um profissional contou, certa vez, que havia montado uma estratégia para ganhar uma promoção. Ele trabalhava havia pouco mais de um ano em uma empresa famosa e, desde seu primeiro dia no emprego, tinha em mente três coisas: surpreender o chefe com resultados melhores e mais rápidos do que ele esperava; ser pró-ativo e oferecer sugestões de melhorias; estar sempre à disposição para qualquer trabalho extraordinário.

Seu desempenho foi reconhecido pelo chefe, que o elogiou várias vezes. Mas, a esperada promoção foi parar nas mãos de um colega, que fazia o gênero despreocupado, piadista e apresentava bons resultados, embora tivesse características opostas. O funcionário que ficou a ver navios gostaria de saber onde errou.

Acho que não houve erros. Apenas que o colega teve mais acertos. Tudo o que foi dito faz sentido na cartilha corporativa. O funcionário que não foi promovido elaborou uma estratégia antes mesmo de conhecer a empresa. Talvez os três fatores que tenha considerado importantes para uma promoção não fossem os mesmos três que a empresa considera.

Um dos atributos que não está na lista do estrategista é o relacionamento com as pessoas. O colega promovido, apesar do jeitão despojado, pode ter a característica de aglutinar pessoas em torno de um objetivo. Em uma promoção, isso tem muito peso.

Acredito que o estrategista tenha listado as três coisas que sempre farão dele ótimo subordinado, mas não necessariamente futuro chefe.

**ENQUANTO
A PROMOÇÃO
NÃO VEM...**

Por que é tão difícil dar o salto para um cargo de chefia? Esse é o tipo de pergunta que muitos profissionais se fazem – mesmo os que são elogiados e reconhecidos por seus superiores. Mas, na hora da promoção, não são convidados a entrar na fila de pretendentes. O que falta a eles?

Para quem olha a situação de baixo para cima, os candidatos naturais a uma promoção deveriam ser aqueles que têm mais tempo de casa, ou os que apresentam os melhores resultados práticos. Quando isso não é levado em conta, há a sensação de que o promovido deve ser protegido de alguém. Sem dúvida, antiguidade e resultados são levados em consideração.

Esses são apenas dois dos itens avaliados. O terceiro é a capacidade de liderança. Não a liderança no sentido de mandar, mas de convencer. O líder entre colegas ainda não tem o cargo, mas já ganhou o respeito. É o primeiro a ser consultado pelos colegas quando surge alguma situação nova. E, na maioria das vezes, suas opiniões são ouvidas e suas sugestões, acatadas. Isso significa que, ao ser promovido, terá pouca ou nenhuma oposição.

O quarto item é entender e defender o ponto de vista da empresa. Pessoas que reclamam muito, ou se mantêm caladas, dificilmente são promovidas. Pessoas que entendem por que uma decisão foi tomada, mesmo não gostando dela, demonstram que poderão tomar decisões semelhantes quando ocuparem cargos de chefia.

O quinto item é a personalidade. Mostrar que tem opinião própria é bom, discutir com o chefe é saudável, mas perceber o momento em que a opinião do chefe prevalece é essencial. Em outras palavras, esticar a corda da hierarquia, mas jamais permitir que arrebente.

O último conselho é prestar atenção às pessoas que foram promovidas recentemente. O que a empresa viu nelas é o que verá nos futuros promovidos.

EMPERRADO NO MESMO LUGAR

Um jovem fez um desabafo ao dizer que trabalhou, trabalhou e trabalhou e não chegou lá. Disse ele: "Estou à beira de completar trinta anos, trabalho há doze. Durante esse tempo, tive quatro empregos, nove chefes diretos, pedi a conta três vezes, nunca fui despedido. Hoje, estou muito aquém do que planejava estar quando chegasse aos trinta. Na semana passada, fiz uma conta que está me tirando o sono. Peguei meu primeiro salário, calculei a inflação acumulada nesses doze anos e descobri que só tive 20% de aumento real. Toda a experiência que adquiri não foi reconhecida em termos salariais. Nunca fui promovido, embora tenha certeza de que merecia ter sido e mais de uma vez. Minha conclusão é: para subir na carreira, não basta ser dedicado e eficiente. É preciso ser puxa-saco e jogar sujo".

Bom, tenho certeza de que suas palavras encontrarão eco nos ouvidos de muitos outros jovens. Mas vamos analisar a situação por outro lado: no Brasil, existe um milhão e meio de profissionais que ocupa cargos de gerente para cima em empresas privadas. Esse contingente recebe salários que são, no mínimo, vinte vezes maiores do que o primeiro salário no primeiro emprego. Esse milhão e meio de profissionais, tomando ao pé da letra o que disse o nosso jovem, seria a escória moral do mercado de trabalho. Um batalhão de gente que só subiu na carreira porque jogou sujo.

A outra maneira de explicar como esses privilegiados chegaram aonde chegaram é tentar entender os critérios que uma empresa usa para promover alguém. No caso de nosso jovem, esses critérios seriam dedicação e eficiência. Para uma empresa, são dois fatores importantes, mas não são os únicos. São considerados também, e não necessariamente nessa ordem, capacidade de liderança, marketing pessoal sem puxa-saquismo, contribuições que vão além dos objetivos e adaptação à cultura da empresa.

Muitos profissionais passam anos executando a mesma função, porque têm apenas um ou dois desses fatores, mas não todos eles. Isso é ruim? Ao contrário. Funcionários assim são muito apreciados e elogiados. Só não são promovidos. Para quem tem ambições maiores, é importante saber se autoavaliar, mas é muito mais importante entender como a empresa avalia. E sempre levar em conta que empresas não têm como meta prejudicar os eficientes e valorizar os medíocres. O mundo corporativo pode não ser perfeito, mas não é tão imperfeito.

PAROU POR QUÊ?

Há profissionais que passam cinco anos na mesma função que executavam quando foram contratados. Podem até não receber críticas do chefe, mas não têm oportunidade de crescimento profissional. Ficam na dúvida se a vida corporativa é assim mesmo ou se estão marcando passo na carreira.

A vida corporativa não pode ser assim mesmo. Nesses cinco anos, alguma coisa de diferente já deveria ter acontecido. Se não aconteceu absolutamente nada, é sintoma de que algo está errado. Ou com a empresa ou com o profissional.

Você se identificou com esse cenário? Então, veja se esta lista de fatos coincide com sua rotina diária.

- Seu chefe não pede sua opinião.
- Seu chefe não leva em consideração sua opinião, quando é pedida.
- Seu chefe jamais conversou com você sobre seu desempenho, ou sobre sua carreira, ou sobre um possível treinamento que a empresa poderia oferecer.
- Seu chefe nunca perguntou se você tem planos de continuar estudando.

Agora, vamos à avaliação da situação. Caso seus colegas estejam sendo tratados do mesmo modo que você, o problema é que sua empresa é meio parada. Mas se um de seus colegas teve uma oportunidade e você não, isso quer dizer que seu chefe não está acreditando em seu potencial.

A melhor saída é conversar com ele. Pergunte o que é preciso fazer para merecer uma oportunidade. Se ele responder que tudo está bem, que você está ansioso demais e que precisa ser mais paciente, pode não parecer uma resposta concreta, mas é. Seu chefe está dizendo que provavelmente tudo ficará igual nos próximo cinco anos. Nesse caso, se você acredita mesmo em seu potencial, arrisque uma mudança de empresa. Prove que seu chefe estava errado. É melhor você se arriscar, e não dar certo, do que passar mais cinco anos na dúvida.

MENOS DINHEIRO PARA ELAS

As mulheres ainda são minoria no mercado de trabalho e ganham, aproximadamente, 25% menos que os homens em funções semelhantes. No caso de profissionais com curso superior, a disparidade é ainda maior. Em média, elas recebem 35% menos que eles.

Esse não é um fenômeno brasileiro. Na Alemanha e na Inglaterra, a disparidade salarial está por volta de 25%. A situação, porém, muda de figura quando se olha não para os números estáticos do presente, mas para a evolução registrada nas últimas quatro décadas. No Brasil, em 1970, apenas 18% das mulheres estavam no mercado de trabalho. Atualmente, esse número está próximo de 50%, e já bateu em 55% no principal mercado de trabalho brasileiro, a Grande São Paulo.

Outra mudança significativa foi a transição feminina de "um emprego" para "uma carreira". Até a década de 1970, a maioria das mulheres parava de trabalhar antes dos 35 anos para cuidar da casa e dos filhos. Agora, a maioria concilia as atividades domésticas com as profissionais.

A raiz dessa mudança está na revolução social e cultural que ganhou força no mundo, principalmente no Ocidente, na década de 1960. As jovens daquela década, que lutaram pela igualdade de direitos com os homens, romperam com o passado de prendas domésticas e educaram suas filhas para pensar na carreira. O resultado pode ser visto nas universidades. Na média geral de todos os cursos, há mais mulheres matriculadas do que homens.

Mas há outro dado que talvez explique melhor a contínua ascensão profissional das mulheres. É algo que na vida profissional é chamado de foco; e no futebol, de atitude – aquela vontade de entrar no jogo para ganhar. Duas universidades paulistanas fizeram, a meu pedido, um levantamento de faltas letivas e chegaram à conclusão de que, em média, os homens faltaram a 17% das aulas e as mulheres, a 7%. É apenas um dado, mas é um dado muito significativo, porque essa atitude de seriedade, que começa cedo na escola, se estenderá depois à vida profissional.

NA HORA DO LANCHE

Cursos rápidos, com duração de meio dia ou um dia, estão se tornando cada vez mais comuns. Um pouco em função do conteúdo que oferecem, mas, principalmente, por causa do intervalo. Que um dia foi chamado de *coffee break* e hoje é *networking break* – o momento em que os participantes estabelecem contatos que poderão ser úteis a sua carreira.

Mas como abordar essas pessoas na hora do lanche? Existem oito regras básicas para que esses contatos sejam duradouros e eficientes.

- **Primeira:** se você não conhece ninguém, não se preocupe. Ninguém conhece ninguém, e todos estão ali pelo mesmo motivo que você.

- **Segunda:** não use frases sem imaginação para se aproximar de alguém, como falar sobre a previsão do tempo. Comente algo que tenha sido dito durante o curso e peça a opinião da outra pessoa.

- **Terceira:** apresente-se dizendo seu nome com clareza. Repita seu nome várias vezes durante a conversa para que fique bem gravado.

- **Quarta:** deixe a comida em segundo plano. Pegue apenas o que vai comer imediatamente. Isso evita o constrangimento de alguém lhe estender a mão quando você estiver segurando um prato e um copo.

- **Quinta:** não se aproxime de duplas de pessoas. Aproxime-se de grupos. Interromper a conversa de uma dupla é intromissão. Entrar em uma rodinha é sociabilidade. Se você quiser falar com uma pessoa que está conversando com outra, espere até ela estar sozinha.

- **Sexta:** não saia distribuindo cartões de visita. Isso é bom negócio apenas para as gráficas. Ofereça seu cartão depois de perceber que o contato poderá ser realmente frutífero.

- **Sétima:** não fale demais sobre você mesmo como se todos ali estivessem para ouvir sua história de vida. Jamais deixe de elogiar os outros, porque essa atitude cria empatia.

- **Oitava:** jamais entregue seu currículo durante um *break*. Você está ali para iniciar contatos e não para pedir emprego.

Nunca é demais lembrar que 80% das boas vagas são preenchidas por indicações. E cursos rápidos têm se mostrado excelente atalho para conhecer as pessoas certas.

VOCÊ É UM BOM COMPANHEIRO?

Quantos empregos você já teve na vida? Um, dois, oito? Já parou para pensar que tipo de imagem construiu nesse período? O que seus novos colegas, em cada empresa que trabalhava, diziam sobre você? Aqui estão sete dicas para levar em conta quando começar em um novo lugar:

- Apresente-se, no primeiro dia, para cada um dos colegas com os quais trabalhará. Um aperto de mão e um "muito prazer" são suficientes. Não saia beijando ou tocando colegas antes de saber se essa é a cultura da empresa.

- Nunca use sua ex-empresa como exemplo positivo para nada. Apenas a mencione quando quiser demonstrar que a empresa atual é muito melhor.

- Pergunte a cada um dos colegas alguma coisa que já sabe. As respostas que ouvirá, tanto em conteúdo como em forma, mostrarão quem são os colegas para os quais você poderá, no futuro, perguntar coisas que não sabe.

- Não conte suas belas histórias de sucesso profissional, ou de viagens, ou de cursos. Mostre-se interessado nas histórias dos colegas. Faça aquelas perguntas de deixar a bola pingando para que eles possam se sentir bem ao respondê-las.

- Evite qualquer comentário pessoal sobre colegas de trabalho. Você ainda não sabe quem é amigo de quem. Sabe que ninguém ainda é seu amigo.

- Recebeu um convite para se reunir com um grupo depois do expediente? Vá. Fique meia hora e ache um jeito simpático de dizer que, infelizmente, não pode participar desses encontros com frequência. Isso evitará que você caia na arapuca das panelinhas.

- Integre-se ao grupo. Se tiver um celular de última geração, vá usá-lo escondido no banheiro. Somente depois que provar que sabe ser igual, é que você poderá começar a demonstrar que pode ser diferente.

ACELERE, NÃO PARE

Você sabia que a palavra carreira derivou de carro? Em ambos os casos, a satisfação vem da mobilidade. Uma carreira estacionada é como um carro que jamais sai da garagem. Não parece, mas a cada dia ele está se desvalorizando. Para que a carreira não fique no acostamento, é preciso evitar o trabalho chato, aquele que não leva a lugar algum. Aqui vão os cinco sinais de que um trabalho é chato:

- **Não se sentir motivado.** Levantar da cama de manhã requer certo esforço. A escolha da roupa do dia é mecânica, qualquer uma serve. No trajeto de casa até o trabalho vem aquela incômoda sensação de que as outras carreiras estão andando mais depressa.

- **Não se sentir desafiado.** O trabalho parece óbvio demais, rotineiro demais, e poderia ser executado por gente com qualificação muito menor. Isso faz a pessoa olhar o relógio constantemente e ter a impressão de que o tempo está passando muito devagar.

- **Não se sentir prestigiado.** A relação com o chefe é cordial, mas ele jamais pede a opinião do subordinado. Quando o subordinado se anima a sugerir alguma coisa, a resposta do chefe é sempre evasiva. Não há elogios nem críticas, apenas perguntas de praxe sobre o andamento do serviço.

- **Não se sentir confortável.** Quem tem um trabalho chato enxerga coisas erradas na empresa, como se quase tudo precisasse ser consertado ou melhorado. A pessoa está olhando a empresa como um espelho da própria situação, que precisa de uma revisão urgente.

- **Não se sentir em movimento.** Você percebeu que sua carreira não anda? Que nada aconteceu nos últimos doze meses? E que nada indica que algo acontecerá nos próximos doze? Para quem se sente assim, o remédio é um só: acelerar. Mudar de pista. A carreira é como carro. Só o dono pode dirigi-lo.

EMPECILHOS DA CARREIRA

Descuidos podem atrapalhar a carreira tanto de jovens que estão começando a trabalhar como de profissionais que fazem parte do mercado há tempos e não veem nenhum tipo de progresso. Aqui, uma lista de sugestões que serve para todos se autoavaliarem, independentemente de idade ou tempo de experiência.

- **Primeira:** evite fazer inimizades ou criar confrontos. A dificuldade para se relacionar com superiores e colegas é o maior empecilho para que uma carreira seja bem-sucedida.

- **Segunda:** pergunte muito e sempre. Boa parte do que se aprende em uma empresa não está em manuais. Está na experiência de quem já sabe como a empresa funciona.

- **Terceira:** nunca faça afirmações sem ter certeza, porque sempre haverá alguém por perto que entende do assunto.
- **Quarta:** invista no óbvio, aprenda a falar e a escrever bem. Um bom técnico que não consegue se comunicar dificilmente passa dos estágios iniciais da carreira.
- **Quinta:** esteja sempre atualizado com a tecnologia, porque ela avança muito rapidamente. No mínimo, é preciso saber usar os aplicativos mais empregados no mercado de trabalho.
- **Sexta:** não mencione à toa, e a toda hora, cursos, títulos e viagens. O conhecimento deve ser usado para contribuir e não para impressionar.
- **Sétima:** fuja do preciosismo. Levantar com frequência questões sobre o detalhe do detalhe é a maneira mais rápida de ganhar o indesejado rótulo de chato.
- **Oitava:** ao fazer uma crítica, tenha sensibilidade para se colocar no lugar da outra pessoa. Sempre é possível encontrar um modo de dizer a verdade sem machucar ninguém.
- **Nona**: solicite mais tarefas e mais responsabilidades. Reclamar nunca foi bom combustível para a carreira.

- **Décima:** não acredite em conspirações. A carreira não vai para a frente quando um profissional não consegue fazer com que os outros o vejam como ele mesmo se vê. Por isso, mudar de empresa não vai adiantar. É preciso mudar de tática.

FALTA DE...

Uma carreira profissional tem esse nome porque deve estar sempre em movimento. É preciso aprender a acelerar nos momentos certos e também a não ser ultrapassado. Por isso, aqui vão os sete sinais de que sua carreira pode estar em marcha lenta:

- **Falta de foco.** Você não tem metas definidas. Seu chefe direto não passou qualquer objetivo numérico para este ano.

- **Falta de rumo.** Você não recebe nem elogios, nem críticas construtivas. As únicas críticas resultam de explosões momentâneas de mau humor do chefe.

- **Falta de informações.** Sua empresa não tem um processo formal de avaliação de desempenho. Por isso, você nunca sabe se está mais perto de uma promoção ou de uma demissão.

- **Falta de reconhecimento.** Você não recebe um aumento por mérito há mais de dois anos. Mas alguns funcionários receberam e ninguém lhe explicou por que você foi passado para trás.

- **Falta de estímulo.** Você não tem qualquer incentivo para fazer cursos e se aperfeiçoar. Cursos de especialização são vistos pela empresa como perda de tempo, porque é na vida prática que se aprende a fazer as coisas benfeitas.

- **Falta de explicações.** Quando você insinua que merece um aumento, ou pede uma transferência, ou solicita uma oportunidade de mostrar que pode fazer mais do que faz, a resposta é sempre vaga. Por exemplo: "Este não é o melhor momento para discutirmos esse assunto". Ou então: "A situação da empresa não permite".

- **Falta de perspectiva.** No encontro com colegas de outras empresas ouve a seguinte pergunta: "Quanto você está ganhando?". Para impressionar, você diz que recebe o dobro do que realmente ganha. E um colega devolve: "Só isso?".

DO APRENDIZADO À COLHEITA

Uma carreira tem quatro fases. Avalie em que posição você está.

- **Primeira:** dos 18 aos 25 anos é a fase do aprendizado. Durante esse período, um jovem tem a impressão de que ganha menos e tem menos oportunidades do que deveria. É verdade. A diferença entre o que ganha e o que deveria ganhar é o que paga para aprender.

- **Segunda:** dos 26 aos 34 anos é a fase da coragem. O profissional já aprendeu todas as coisas básicas e essenciais e sai procurando opções. Ou na empresa ou fora dela. Essa é a fase das grandes mudanças. De empresa, de cidade, de país ou de galáxia. Logo, um jovem de 26 anos que ainda está procurando vaga de estagiário já ficou para trás.

- **Terceira:** dos 35 aos 45 anos é a fase da colheita. Nesses dez anos, ocorrem as promoções para cargos melhores e o salário dá um belo salto. Como medida, o salário de alguém de quarenta anos deveria ser, no mínimo, dez vezes maior do que era aos vinte.
- **Quarta:** dos 45 anos em diante vem a fase da inércia. O funil das boas oportunidades fica mais estreito e poucos passarão por ele. Quem tem mais de 45 anos, evidentemente, acredita que mantém a mesma energia que tinha aos 25, além de ter mais experiência. É verdade, mas o mercado de trabalho é meio cruel e não reconhece isso.

Na fase da inércia, começa a busca por estabilidade. Por isso, quando um profissional pergunta: "O que está acontecendo comigo?", a resposta quase sempre é: "Você deixou uma fase da carreira passar, sem aproveitar". Para recuperar o tempo perdido, você terá que saltar uma fase inteira. Não é fácil, mas é possível.

**PECADOS
QUE FAZEM
ESTACIONAR**

Assim que um profissional coloca os pés dentro de uma empresa, começa o que se chama de gestão da carreira. Imediatamente, ele pensa em como poderá ganhar mais, quais são as suas chances de ser promovido e em que momento passará a mandar em vez de ser mandado.

Conheço profissionais que pareciam ter grande potencial quando estavam na faixa dos vinte anos. Mas, passados dez ou quinze anos de trabalho, muitos deles não progrediram. Observando essas pessoas, listei cinco pecados que podem atrapalhar uma carreira:

- **Fazer o mínimo e esperar o máximo.** Parte da imagem positiva que um profissional constrói vem de seu esforço para ir além de suas obrigações de rotina. Pessoas assim identificam problemas antes que apareçam e enxergam soluções onde a maioria vê dificuldades.

- **Agir como se fosse uma ilha de talento em um oceano de mediocridade.** Não admitir erros, não aceitar conselhos, procurar sempre uma justificativa para tudo e nunca elogiar alguém. Isso gera antipatia e rejeição, dois fatores que pesam muito em uma promoção.

- **Não ser equilibrado emocionalmente.** Um dia, a pessoa está alegre e quer conversar com todo mundo. No outro, fecha-se como uma ostra e não admite que ninguém se aproxime.

- **Ter habilidade para conviver bem com o chefe direto.** Uma das obrigações do subordinado é tornar a vida do chefe mais fácil, mesmo que ele seja "casca-grossa". O subordinado que conseguir estabelecer uma relação de confiança com o chefe terá dez vezes mais chances de ser promovido. Lembrando que fidelidade e apoio nada têm a ver com puxa-saquismo.

- **Não saber se adaptar a mudanças.** Empresas mudam constantemente por fatores internos ou externos, e pessoas pouco maleáveis sempre acabam ficando para trás, por resistirem a essas transformações.

O oposto desses cinco pecados não é difícil de fazer, mas não mais que 5% dos profissionais arriscam. Não por acaso, exatamente os 5% que são promovidos.

ENTENDE O QUE ESTÁ LENDO?

Os planos estratégicos de uma empresa são redigidos em um idioma diferente do conhecido, também chamado português corporativo. Uma língua tão complicada que não é falada, é apenas escrita.

Para facilitar, aqui estão quatro exemplos de coisas simples que fazemos todos os dias, mas que ganham uma nova dimensão quando escritas em português corporativo.

- Implementar a substituição estratégica de equipamento periférico, gerando alto grau de luminosidade adequada ao ambiente criativo. Isso significa trocar a lâmpada queimada do banheiro.

- Avaliar as vantagens da implantação imediata de um programa emergencial de governança financeira doméstica balanceada. Ou seja, parar de estourar o cheque especial.

- Estabelecer prioridades energéticas operacionais em detrimento de impulsos que possam redundar em um processo de *surplus* calórico. Tradução: não comer doce fora de hora.

- Esquematizar a agenda de atividades de maneira a criar um *gap* vital para o atendimento imediato às demandas biológicas essenciais. Em português normal: tirar um cochilo depois do almoço.

O funcionário que estreia em nova função, como um supervisor, ganha o direito de opinar sobre o plano estratégico da empresa. E de complicar. Porque, se ele mostrar competência para complicar, será promovido a gerente.

APPROACH
HOLÍSTICO

Em uma empresa, resolver um problema é fácil. Difícil é resolver de maneira holística. Por exemplo, o diretor diz a você: "A pressão da descarga do banheiro está baixa. Dê um jeito nisso". Um funcionário normal faria o quê? Chamaria o seu Geraldo, da manutenção. Mas um funcionário com alto potencial, como você, pensa grande e conhece os oito passos para uma solução holística.

- **Envolva mais três pessoas.** Somente a partir de quatro integrantes, um grupo pode ser chamado de comitê de gestão.

- **Convoque um especialista em Recursos Humanos.** Assim, a solução do problema poderá ser classificada como de alto impacto motivacional.

- **Ouça um especialista em sistemas.** Ele poderá providenciar *softwares* que meçam com exatidão a vazão e a pressão da água.

- **Peça ajuda a um profissional de finanças.** Ele preparará uma planilha de gastos e deixará pronto um pedido de reforço de verba.

- **Convoque um especialista em marketing.** Ele criará um slogan para a operação, como "mais pressão, mais motivação".

- **Escute um especialista em logística.** Ele não tem nada a ver com o problema, mas aconselhará que o projeto seja chamado "logística de alavancagem sistêmica de recursos hídricos".

- **Contrate uma consultoria externa.** Até porque ninguém consegue memorizar o nome do projeto. Depois de um mês e várias reuniões, a consultoria proporá a mudança de todo o sistema hidráulico do prédio.

- **Apresente os dados ao diretor.** E mostre que o orçamento chegou a vários milhões de reais, mas você tem uma solução mais prática, mais criativa e muito mais barata. Que é... mandar o seu Geraldo, da manutenção, trocar a válvula de descarga.

Isso é o que as empresas chamam de *approach* holístico da situação.

MURPHY PODIA ESTAR CERTO

De todas as coisas que se aprende ao trabalhar, talvez a mais importante seja a lei de Murphy – se algo puder dar errado, vai dar. Essa lei explica a empresa e a carreira da mesma maneira que Einstein explicou que E = mc^2, com a vantagem de que qualquer um entende o que Murphy queria dizer.

Fiz um pequeno apanhado dessas leis perversas, e certamente uma delas explicará alguma dúvida que você tenha ou algum problema que esteja enfrentando.

- **Racional de Uhlmann:** se um fato pode ser explicado apenas pela burrice humana, procurar qualquer outra explicação será perda de tempo.

- **Lei de Zimmermann:** se você faz tudo direitinho, ninguém vai perceber que você existe.
- **Lei de Bok:** o conhecimento custa caro, mas a ignorância custa muito mais.
- **Lei do profeta:** não importa o que aconteça, alguém vai dizer que já esperava que aquilo acontecesse.
- **Lei de McKenna:** as explicações provam que os erros sempre têm mais lógica que os acertos.
- **Lei da criatividade cruel:** quando uma solução perfeita é encontrada, não se encaixa no problema que estamos enfrentando.
- **Princípio de Gall:** qualquer decisão que resolva um velho problema vai criar dois problemas novos.
- **Lei de Dean:** na vida profissional, tudo é mais fácil para quem só pergunta em vez de responder.
- **Lei da reunião:** a quantidade de opiniões emitidas é inversamente proporcional à importância da decisão a ser tomada.
- **Teorema de Bowie:** se tudo parece funcionar perfeitamente bem, alguma coisa está errada.
- **Máxima da gestão por competência:** quando ninguém assume a responsabilidade por um erro, a culpa sempre recairá sobre o funcionário de menor grau hierárquico.

Se ponderar que essas leis explicam todas as situações do mundo corporativo, exceto a situação que você enfrenta neste momento, elas provariam que Murphy estava certo.

PEQUENAS PROMESSAS SÃO AS MELHORES

Na época do *réveillon*, muitos profissionais fazem a tradicional avaliação da carreira no ano que passou e estabelecem grandes objetivos para o ano que vai começar. Alguns prometem que vão emagrecer, outros que darão mais atenção à família, e outros ainda que nunca mais ficarão estressados. Para quem não sabe por onde começar a lista de resoluções, aqui vão algumas dicas.

- Fazer uma dieta rigorosa e engordar quatro quilos.

- Rever a rotina e em vez de trabalhar doze horas por dia passar a trabalhar catorze.

- Administrar melhor o tempo de modo a não ter que sair de férias com a família.

- Fazer *checkup* e tentar aumentar o índice de colesterol em 8%.

- Esforçar-se, ao máximo, para não conseguir nenhuma promoção e se a empresa oferecer aumento de salário agradecer e recusar.

Esta lista tem uma vantagem: quem prometeu tudo isso no final do ano não terá problema de consciência e entrará feliz no ano novo, porque terá cumprido todos os objetivos que propôs a si mesmo.

A lista segue um modelo comprovadamente eficaz: o das próprias empresas, quando preparam seus planos operacionais para o ano seguinte. A lição que aprenderam é simples: as empresas que prometem o impossível e conseguem fazer o razoável, são acusadas depois de ficarem abaixo dos objetivos. Por isso, prometem pouco e depois são elogiadas porque conseguiram fazer um pouquinho a mais do que prometeram. Mirar as estrelas e conseguir chegar à lua é muito poético, mas pouco prático. Mais sábio é prometer a lua e se esforçar depois para chegar às estrelas.

NOTAS, COMO NA ESCOLA

Avaliação de desempenho é um exercício feito anualmente em boas empresas. Por meio dessa avaliação, o funcionário descobre se fez tudo o que os chefes esperavam que tivesse feito. Aqui, um teste ao contrário: você mede a performance de onde trabalha ao dar notas de um a três para cada afirmação. Um significa "de jeito nenhum", dois, "de vez em quando" e três, "é isso mesmo".

- **Primeira:** sem entrar em detalhes, tenho um sentimento de que estou na empresa certa.
- **Segunda:** as tarefas que faço hoje são mais importantes do que aquelas que fazia havia um ano.

- **Terceira:** a empresa reconhece minhas habilidades e me dá trabalhos compatíveis.

- **Quarta:** sempre que produzo um trabalho benfeito, recebo o devido reconhecimento de meu chefe imediato.

- **Quinta:** a empresa tem um plano de carreira e eu já sei qual poderá ser meu próximo passo profissional.

- **Sexta:** meus colegas e eu estamos bem-informados sobre os planos da empresa.

- **Sétima:** sou incentivado a estudar e a me desenvolver.

- **Oitava:** quando faço uma pergunta sobre meu futuro a meu chefe, ele não me enrola e diz a verdade, mesmo que não seja o que eu gostaria de ouvir.

- **Nona:** apesar da pressão, a empresa mostra interesse em me proporcionar bom ambiente de trabalho.

- **Décima:** meus valores pessoais batem exatamente com a cultura da empresa.

Se a soma tiver alcançado mais que 25, a empresa está de parabéns. Menos de quinze, você é a pessoa certa, mas, infelizmente, está na empresa errada.

NA
MIRA DO
HOLOFOTE

Em uma reunião, o mais importante é ser o centro das atenções. Quem não é visto nem ouvido, não será lembrado. Aqui vão as sete regras básicas de como se comportar:

- Ofereça-se para escrever a ata. Isso lhe dará a oportunidade de fazer seguidas interrupções para esclarecer o que foi falado.

- Comece qualquer comentário com um elogio à pessoa que terminou de falar, não importa o tamanho da besteira que tenha dito.

- Repita o que foi falado se alguém disser alguma coisa útil, mas mude as palavras de modo que sua intervenção pareça um complemento e não um plágio. Por exemplo, se um colega comentar: "Precisamos implantar urgentemente um serviço de atendimento ao cliente", elogie a proposta e diga: "Por coincidência, ontem li uma pesquisa sobre esse tema e descobri que 83% dos clientes não se consideram bem atendidos".

- Não dê opiniões, cite estatísticas. Crie seu próprio instituto de números, porque ninguém vai conferir. Por exemplo: "93% dos erros de carga são causados por desatenção".

- Transfira responsabilidades. Se alguém perguntar algo que você não souber responder, indique outra pessoa da mesa como o especialista no assunto.

- Concorde com a cabeça quando o chefe estiver falando, mesmo que esteja pensando onde jantará no final de semana.

- Levante imediatamente a mão quando um voluntário for solicitado a realizar uma tarefa. E indique alguém presente à reunião que ajude você a tirá-la do papel. De preferência, alguém que goste de trabalhar.

Praticamente tudo mudou nas empresas nos últimos cem anos. Menos uma coisa: as reuniões. São como baratas, todo mundo fala em acabar com elas, mas até hoje ninguém conseguiu. Por isso, lembre-se: qualquer especialista um dia se torna obsoleto. Menos um: o especialista em reuniões.

CHATO
EREMITA,
EGOCÊNTRICO...

Quando você começar a ouvir um tititi de que é um colega chato, está na hora de mudar. Porque esse é um rótulo que pode muito bem prejudicar sua carreira. A chateação é uma questão de percepção. Quando uma pessoa se diferencia demais do grupo é rejeitada, mesmo que seja tecnicamente competente. Aqui vai uma lista das oito principais atitudes que transformam alguém em chato.

- Interromper qualquer pessoa que esteja falando para contar suas próprias histórias. É o chato egocêntrico, que acha que qualquer coisa que fez é mais interessante do que qualquer coisa que os outros tenham feito.

- Ser perfeccionista. É se preocupar com detalhezinhos e picuinhas que vão atrasar o trabalho geral e fazer o pessoal perder tempo.

- Dedicar-se ao próprio trabalho, sem dar atenção a ninguém. É o chato eremita, que se isola dos colegas e é isolado por eles.

- Consumir um tempo enorme para dizer qualquer coisa que poderia ser dita em trinta segundos. É o chato aborrecido, que fica dando voltas e voltas, mas nunca sai do lugar.

- Confundir o momento de se ser engraçado com o de se concentrar no trabalho. É o chato que escolhe a hora errada para contar a piada errada. E depois reclama que os colegas não têm senso de humor.

- Passar o dia reclamando de tudo e apontando o lado negativo de qualquer situação. É o chato do apocalipse.

- Dizer a verdade quando não for necessário, mas já sabendo que ela ferirá ou constrangerá um colega.

- Irritar-se quando alguém faz a mesma brincadeira que você já fez com os outros. Esse é o chato perfeito, aquele que acha que ser chato é um privilégio dele apenas.

NINGUÉM ME ENTENDE

O mercado de trabalho está cheio de exemplos de pessoas que têm capacidade e competência para ir longe na carreira. Mas, por vários motivos, as boas oportunidades sempre acabam caindo no colo de colegas menos brilhantes. Um desses motivos – e possivelmente o mais frequente – é a baixa autoestima. A pessoa sabe que tem potencial, mas não consegue convencer o chefe. Eis as dez características de quem apresenta baixa autoestima no trabalho.

- **Primeira:** demonstra receio antes de aceitar trabalhos e projetos que nunca executou antes.
- **Segunda:** frustra-se facilmente quando alguma coisa não sai como deveria.

- **Terceira:** precisa com constância de reconhecimento e de elogios.

- **Quarta:** apresenta uma ideia e vai perdendo o pique à medida que os ouvintes fazem questionamentos, como se as perguntas fossem demonstração de desconfiança e não tentativa de melhor entendimento.

- **Quinta:** fica excessivamente ansioso quando se depara com obstáculos sem muita importância.

- **Sexta:** critica com frequência os outros, mas tem dificuldade de ouvir críticas alheias, que entende como perseguição.

- **Sétima:** pensa sempre em mudar de emprego, porque em outra empresa as coisas poderão ser diferentes.

- **Oitava:** acredita que o isolamento é a melhor forma de evitar problemas.

- **Nona:** enxerga sempre o lado negativo de qualquer situação.

- **Décima:** sente-se impotente para agir e reagir, como se a solução dependesse dos outros e não dele.

Quem tem baixa autoestima costuma investir em cursos, já que, acredita, diplomas podem compensar a falta de confiança. A verdade é que um psicólogo ajudaria muito mais e custaria bem menos. O problema é que pessoas com baixa autoestima raramente acreditam que um psicólogo poderá ser de grande auxílio. Esse é o desafio que precisa ser superado. Aceitar que necessita de ajuda.

Z, X, V, U, T...

Há quem tenha opiniões firmes. Por causa disso, acaba criando uma imagem negativa tanto em casa como no trabalho. Parentes, amigos, colegas e chefes acham que o sujeito que faz questão de manifestar seu ponto de vista nada mais é que arrogante. Se você se encaixa nesse perfil, aconselho uma coisa ao mesmo tempo muito simples e muito complicada: refreie o impulso de querer ser o dono da verdade.

Como mudar? Quando alguém estiver falando, e você sentir aquela súbita vontade de contrariar, recite, mentalmente, o alfabeto, de trás para diante, de Z até P. Isso lhe dará tempo para tomar três atitudes:

- Permanecer calado, porque, ao chegar à letra P, o impulso inicial já terá desaparecido.
- Concordar com o que foi dito.
- Elogiar, por mais difícil que seja, o que foi falado.

Por que conquistou a fama de chato e arrogante? Porque, em 90% dos casos, sua opinião não traz nenhum benefício e ainda favorece o clima de hostilidade em relação a você. Isso é muito ruim para a carreira, já que as pessoas podem passar a evitá-lo, ou a não querer colaborar quando você precisar de ajuda.

Se você tiver opiniões consistentes, deverá, neste momento, discordar do que estou falando. E, se pudesse, me interromperia. Então, respire fundo e faça o teste: Z, X, V, U, T, S, R, Q, P. Pronto. Você se manteve calado por seis segundos. Esse curto silêncio já foi suficiente para evitar a maioria de potenciais atritos.

Claro que você não precisa se transformar em uma vaquinha de presépio e concordar com tudo o que os outros falam. Tem apenas de guardar as opiniões firmes para 10% dos casos em que poderão contribuir de fato. Numericamente, seis concordâncias, três elogios e uma discordância é a conta que faz uma pessoa deixar de ser arrogante e passar a ser interessante.

RÓTULO QUE GRUDA

Qualquer profissional, não importa o cargo que tenha, precisa construir uma imagem positiva. No médio e no longo prazo, essa imagem terá grande influência em oportunidades e promoções. Muitos profissionais tecnicamente competentes acabam se complicando na carreira porque ficam marcados por atitudes que poderiam ter sido facilmente evitadas. Eis as cinco principais:

- **Prometer demais.** É o famoso "deixa comigo". Na hora da promessa, todo mundo fica impressionado. Mas, se os resultados forem abaixo do esperado, mesmo que tenham sido bons, a imagem que permanece é a de alguém que não cumpre o que promete.

- **Falar sem ter certeza.** Em reuniões, citar números na base do chute. Ou passar uma informação adiante sem ter conferido se estava correta. Com o tempo, isso gera falta de confiança e cria a imagem de alguém inconsequente.

- **Argumentar sem necessidade.** Há quem não queira perder uma discussão por nada deste mundo, mesmo quando concordar com o colega não provoca nenhum estrago. Essa é a diferença entre a persistência – ação positiva – e a teimosia – negativa.

- **Esquecer-se de quem ajudou a fazer algo.** Isso ocorre quando alguém é elogiado por um trabalho e não menciona os colegas que contribuíram para que esse trabalho saísse benfeito. A imagem é a do individualista mesquinho.

- **Criticar o trabalho alheio.** Alguém que sempre acha um defeito naquilo que os colegas fazem ganha fama de invejoso ou de "cricri".

Fazer uma dessas cinco coisas, de vez em quando, é até normal. Mas fazer qualquer uma delas repetidamente acaba criando um rótulo, que gruda e não sai mais. As pessoas rotuladas sempre atribuem a estagnação na carreira a outros fatores, como colegas sem noção e chefes incompetentes. É claro que, na vida corporativa, imagem não é tudo. Mas, na hora de uma promoção é, pelo menos, a metade.

INDECISO AO CUBO

Há profissionais que são indecisos. Têm bom relacionamento com os colegas e até com chefes, mas não gostam de tomar decisões. A regra básica para esse caso é a seguinte: se você é indeciso, não tente decidir. Então, tome uma destas atitudes:

- Adie a decisão, sempre mencionando entidades amorfas e não pessoas. Por exemplo: "A alta direção deverá se manifestar em breve".

- Não fale, escreva. Redija de maneira a permitir interpretações dúbias. Lembre-se de que quanto mais longo for um parágrafo, menor será a possibilidade de ser compreendido. Use termos técnicos. Mencione os valores da empresa. Termine citando um filósofo. Por exemplo, "estar em todo lugar é não estar em lugar algum", frase de Sêneca [*filósofo de grande importância no Império Romano*].

- Convoque uma reunião quando o momento da decisão estiver perigosamente próximo. Peça a cada um dos presentes que faça uma apresentação de cinco minutos sobre o tema em questão. No final, nomeie um grupo de trabalho para preparar uma lista de prós e contras e outro grupo para resumir as opiniões. A essa altura, é bem provável que a decisão já tenha sido tomada por alguém que não é indeciso.

A pergunta óbvia é a seguinte: em vez de fazer tudo isso, não seria mais fácil aprender a decidir? Não. Se fosse, teríamos nas empresas muito mais gente decidindo e muito menos gente enrolando.

Decidir implica risco. E risco implica sucesso ou fracasso. No máximo, 10% dos empregados estão dispostos a correr permanentemente o risco de fracassar. Os outros 90% ou delegam, ou apoiam, ou pedem apoio, ou adiam. Evidentemente, esses 10% podem perder o emprego por uma decisão errada. Mas é desse pequeno grupo que saem os presidentes de empresas.

NEGOCIOU, LEVOU

Nas empresas, fala-se muito sobre as características do líder. Essa discussão sobre liderança acaba deixando em segundo plano uma característica vital para o desenvolvimento de qualquer carreira – a do negociador. Se nem todos os funcionários vão chegar a líderes, pelo menos no organograma todos, sem exceção, precisam ser negociadores.

Negociar é o que as pessoas mais fazem, todos os dias, embora muitas não se deem conta disso. A maioria entende negociação como reunião formal com fornecedores ou clientes, mas pedir um simples favor para um colega de trabalho também é negociação – um levantamento de dados ou a solicitação para que um relatório seja apressado. Quem não consegue o que pede sempre acha o colega lento, ou incompetente, ou que está fazendo corpo mole.

A negociação interna tem três regrinhas simples. A primeira é descobrir a melhor maneira de fazer a abordagem. Há funcionário que não gosta de quem fala alto, de quem fica enrolando para pedir alguma coisa, de quem chega e já vai pedindo.

A segunda é tentar mostrar para a outra pessoa quais benefícios terá se fizer o favor solicitado. Todos nós somos mais ou menos iguais nessa hora: por que pararíamos as coisas importantes que estamos fazendo apenas para atender a algum apressadinho?

A terceira é elogiar o funcionário que fez o favor – para os colegas ou para o chefe dele. Essa é a maior garantia de que a pessoa será receptiva da próxima vez.

Todos os dias, alguém faz, no mínimo, vinte negociações internas. Em mais da metade dos casos, não se preparou adequadamente para negociar, e acaba não conseguindo o que quer. Na administração da própria carreira, a liderança é uma boa qualidade. Mas a arte de saber negociar é mais que isso: é uma necessidade.

CÉREBRO ANTES DA BOCA

Minha mãe seria um fracasso no mundo corporativo. Tem mania de dizer exatamente o que está pensando. Se alguém lhe oferece um pedaço de bolo, fica toda feliz, dá uma mordida, e informa que o sabor é meio enjoativo. Se alguém lhe dá um par de meias de presente, agradece, mas diz que a cor é horrível.

No mercado de trabalho, existem muitos profissionais que agem igualzinho à minha mãe. Gente que sempre diz o que pensa, sem se importar com as consequências. A grande virtude dessas pessoas – a sinceridade – é também o maior defeito – a sinceridade desnecessária. Por exemplo, um novo funcionário foi contratado e a primeira impressão que causou foi de repugnância. Porque não usa desodorante e o odor das axilas pode ser sentido no prédio vizinho. Quais são as alternativas?

- Fazer uma insinuação, com uma frase do tipo: "Você não está sentindo um cheiro estranho?".
- Mandar um bilhetinho anônimo e malcriado.
- Reclamar com o departamento de Recursos Humanos.
- Fazer uma rifa de um desodorante e escrever o nome do cheiroso em todos os papeizinhos.
- Fingir que o cheiro não existe.
- Dizer sinceramente: "Você está com cheiro de catinga". E ouvir que o coitado tem problema de glândula, mas está em tratamento médico.

A rara capacidade de dizer a verdade – do jeito certo, na hora certa e para a pessoa certa – tem um nome: marketing de relacionamento interno. Poucas pessoas são capazes de fazer isso, mas, na hora da promoção, são elas que têm as melhores chances. Pessoas sinceras demais perdem oportunidades, porque produzem inimigos; pessoas que vivem se omitindo acabam sendo ignoradas.

No mundo corporativo, ninguém precisa mentir, apenas controlar o impulso de dizer sempre a verdade. Para isso, basta treinar o cérebro para que comece a funcionar antes que a boca entre em ação.

CAÇADOR DE ERROS: TENTE ESCAPAR DELE

Quem não tem um colega na empresa que vive falando dos erros e dos defeitos dos demais? Sem ter um cargo que lhe permita agir assim, ele se comporta como se fosse um auditor das pequenas deficiências. Dos outros, é claro. E ainda diz que toma esse tipo de atitude com o intuito de colaborar, porque não quer prejudicar ninguém. Quem tem dúvida quanto às reais intenções de um sujeito assim acertou. Tem que duvidar mesmo, porque as intenções não são nada boas. Esse colega não passa de um caçador de erros alheios.

Como erros fazem parte da vida profissional, o caçador tem sempre um campo fértil para explorar. Às vezes, o caçador é um diplomata disfarçado. Parece elogiar um colega, mas no meio do elogio dá um jeitinho de incluir uma referência a um erro que o colega cometeu. E o que fica gravado, depois da conversa, é sempre o erro, porque é da nossa natureza dar mais atenção às exceções do que às regras.

Mas há também caçadores descarados, aqueles que simplesmente ignoram os 99% de acertos e concentram suas baterias no 1% de erro. Por que existe gente assim? Porque há duas maneiras de alguém conseguir se destacar. A primeira é mostrar que é bom. A segunda é mostrar que os outros não são. Evidentemente, a primeira é bem mais difícil que a segunda. Fazer um bom trabalho requer tempo, conhecimento, concentração e talento. Dizer que os outros são ruins só requer uma frase.

O caçador de erros alheios é um profissional inseguro. Ele compensa a falta de confiança para competir de igual para igual ressaltando os aspectos negativos de seus competidores. Sabendo que também está sujeito a erros, previne-se mostrando que os outros também erram, e amplifica os erros alheios para que os seus próprios pareçam menores.

Como muitos tipos com os quais ninguém gosta de conviver, o caçador de erros alheios faz parte da paisagem das empresas. Mas há um jeito de neutralizá-lo: profissionais bem-sucedidos com os quais convivi tinham a habilidade de reconhecer e anunciar seus erros antes que alguém o fizesse. E, imediatamente, dizer o que fariam para não errar novamente. Esses profissionais nunca foram incomodados por caçadores de erros, porque já não havia mais nada para caçar.

E O CHEFE SE ENGANOU

Quem estreia no cargo de chefe sempre fica em dúvida de como deve se comportar com seus antigos colegas de trabalho. Aqui, uma lista com os dez erros que um chefe pode cometer. Basta fazer o contrário e tudo dará certo.

- **Não saber se comunicar.** Não dizer exatamente o que quer e depois reclamar que o subordinado não fez o que ele queria e como queria.

- **Não elogiar.** Se um chefe não sabe reconhecer um trabalho benfeito, o subordinado não terá estímulo para fazer melhor ainda.

- **Não defender os subordinados.** O bom chefe deve ser um escudo para seu pessoal e não um cúmplice de críticas alheias.

- **Criar um ambiente de desconfiança.** Isso acontece quando o chefe critica um subordinado para outro subordinado em vez de falar diretamente.

- **Prometer o que não pode cumprir.** Muitas vezes, para incentivar os subordinados, os chefes fazem promessas que dependerão de aprovação superior.

- **Não cumprir o que prometeu.** Quando o chefe se esquece do que falou, o subordinado deixa de acreditar em novas promessas.

- **Aceitar bajulação.** Chefes que apreciam puxa-sacos perdem o respeito do restante dos subordinados.

- **Sofrer de falta de educação.** Chefes que tratam os subordinados na base do grito ou da ofensa não estão mostrando poder. Estão demonstrando insegurança.

- **Fugir da responsabilidade.** É adiar a solução de um problema em vez de dar uma resposta clara para um subordinado.

- **Ter soberba.** Achar que, por ser chefe, virou deus. O chefe é apenas uma pessoa igual às outras com um título temporário e provisório.

ELE
ESTÁ
PROIBIDO DE...

Quando um profissional é promovido a chefe pela primeira vez, tem de saber evitar erros comuns ao novo cargo. Eis os oito pecados do novo chefe:

- **Não superar os objetivos de curto prazo.** Antes de tudo, a empresa espera resultados. Se o rendimento do departamento começar a cair, o novo chefe irá rapidamente para a marca do pênalti.

- **Não dar crédito a quem merece.** Subordinados apreciam e esperam reconhecimento, e perdem a confiança no chefe que fica com todos os méritos.

- **Não saber evitar os pegajosos.** Sempre haverá um subordinado que tentará "grudar" no novo chefe. Na primeira investida, o pegajoso deve ser avisado de que o tratamento será igual para todos.

- **Perder a autoridade.** Alguns subordinados testarão o novo chefe, atrasando o trabalho ou discutindo suas determinações. Com jeito, mas com firmeza, essas pessoas devem ser avisadas de que o chefe será camarada apenas com quem souber respeitar a hierarquia.

- **Descambar para a onipotência e a arrogância.** A maioria dos subordinados pode contribuir com boas ideias e sugestões. Saber ouvir e saber reconhecer os próprios erros são duas das melhores qualidades de um bom chefe.

- **Não entender as diferenças.** Não há dois subordinados iguais. Cada um reage de uma maneira quando é cobrado, criticado ou elogiado. O chefe deve encontrar o tom certo para motivar cada um, individualmente, sem perder de vista o interesse de todo o grupo.

- **Acreditar que é insubstituível.** Um cargo de chefia não é obra da divina providência. É apenas uma delegação provisória e temporária concedida pela empresa. Os que se esquecem disso são os que caem mais rápido.

- **Não dar o bom exemplo.** O chefe é avaliado por aquilo que faz e não pelo que fala.

**COMO
UM MARISCO
NO MAR**

Depois de dois anos na empresa, um jovem ambicioso foi promovido a encarregado de setor. Como essa era sua primeira experiência em liderança, queria saber como se comportar para galgar rapidamente postos mais altos.

O cargo de encarregado, assim como o de supervisor, é um período na vida profissional que requer muito bom senso e muita paciência. Porque existem duas visões muito diferentes sobre a contribuição do encarregado: a visão de baixo para cima e a visão de cima para baixo.

Os subordinados do encarregado o enxergam como alguém que faz parte da direção da empresa e, portanto, com influência suficiente para conseguir benefícios e reajustes salariais. A direção da empresa encara o encarregado como alguém cuja tarefa é manter o bom funcionamento de seu setor, aquele que zela pela disciplina e pelo cumprimento das metas.

O encarregado nunca é consultado por seus superiores sobre planos, estratégias ou qualquer coisa que signifique médio e longo prazo. Seu trabalho é sempre de curtíssimo prazo. Ele é o mantenedor da ordem e o responsável por impedir que o ambiente de trabalho tenha intrigas ou fofocas.

Nem sempre o encarregado é elogiado, mas sempre é o primeiro a ser cobrado se os resultados ficarem abaixo do esperado. Como o encarregado sofre pressões de duas direções, em pouco tempo começa a se sentir como o marisco entre o mar e o rochedo.

Naturalmente, o encarregado deve investir em seus estudos, aperfeiçoando-se cada vez mais e preparando-se para o próximo passo na carreira. Mas não deve deixar que a ambição influa na execução.

Há vinte anos, em uma reunião de encarregados da empresa em que trabalhava, pedimos para que cada um deles escrevesse o que considerava mais importante em sua função. A maioria gastou páginas e mais páginas listando suas atividades. Mas um deles resumiu tudo em uma só linha: "Em minha função, o mais importante é não complicar". Entre todos os colegas, ele foi o que teve mais sucesso na carreira.

"BONITO TERNO, CHEFE"

Em empresas, todo mundo mente. Uns mais, outros menos, outros exageradamente. Existem três tipos de mentiras corporativas:

- **A mentira útil.** Quando a gente diz "bonita gravata, chefe", ou se dirige a um colega para cumprimentá-lo com "sua apresentação foi perfeita", ou tenta acalmar um calvo precoce ao dizer "não, você não está ficando careca". Achamos sempre o contrário do que estamos dizendo, mas a mentira útil não machuca e ainda faz bem para quem a ouve. Cem por cento dos funcionários já usaram a mentira útil pelo menos uma vez na vida.
- **A mentira elaborada.** Quando alguém chega atrasado e, para justificar, conta uma história ri-

quíssima em detalhes, porém absolutamente falsa. Ninguém se atreveria a dizer que perdeu a hora porque dormiu demais. A mentira elaborada é empregada sempre que a verdade for complicada e ninguém sair prejudicado. Já foi usada pelo menos uma vez por 50% dos funcionários.

- **A mentira corrosiva.** Essa machuca. Porque é usada não apenas para proteger ou beneficiar quem está mentindo, mas para prejudicar quem não tem nada com isso. A mentira corrosiva atende também pelo nome de intriga. Dez por cento dos funcionários a usaram pelo menos uma vez na vida e continuam usando-a, porque vicia.

Se você tem uma mentirinha para contar, daquelas que podem fazer alguém feliz, diga sem remorso. Mas fique de ouvidos bem abertos, porque aqueles 10% estão por perto, esperando o momento de corroer sua imagem. Por isso, evite corrosões. Se os sintomas persistirem, saia no braço.

SERÁ?

Existem profissionais que, em determinado momento, ficam desconfiados do futuro da empresa e de sua performance dentro dela. Embora a direção sinalize que tudo vai bem, os números podem mostrar justamente o contrário: crescimento abaixo do setor. Mas nem isso tende a abalar o humor da direção, que vê o futuro com otimismo.

O funcionário desconfiado acha que colegas e superiores perderam a noção de certo e errado. A questão é: esse profissional *está* desconfiado ou *é* desconfiado? Porque quem é desconfiado por natureza acredita, desde criancinha, que tudo vai dar errado. É a desconfiança pessimista.

O caso inverso é o de quem percebe as coisas como realmente são. Ou seja, desconfia de vez em quando e normalmente acerta a previsão. Empresas que tentam se convencer de que tudo vai bem quando entram em rota de desacerto costumam apresentar seis características:

- A primeira é a desculpa. Se a empresa cresceu menos do que deveria, a culpa é atribuída somente a fatores externos – os concorrentes, a legislação, a queda da Bolsa.

- A segunda é a desproporção. Pequenos saltos são muito comemorados e grandes tombos, totalmente ignorados.

- A terceira é a falta de ações práticas para corrigir o rumo. Tudo permanece como está, porque um dia a situação vai melhorar.

- A quarta é o incentivo a qualquer nova ideia ou novo projeto, mas no fim tudo o que é novo acaba sendo engavetado.

- A quinta é a nostalgia. Todas as histórias de sucesso que a empresa tem aconteceram mais de cinco anos atrás.

- A sexta são os objetivos mal traçados. A empresa é agressiva no papel, mas compreensiva na prática. Por isso, as pessoas se preocupam mais em encontrar boas justificativas do que em cumprir metas.

CANSADO?
EXTENUADO?
ESTRESSADO?

Toda boa empresa tem um manual de descrição de cargos. Nele, está explicado o que cada funcionário faz ou deveria fazer. Como o tema é muito extenso, é preciso simplificar. Um organograma se divide em cinco degraus:

- No primeiro, estão estagiários, auxiliares e assistentes, que trabalham dez horas por dia e ficam cansados. Caso manifestem à empresa esse estado de cansaço, receberão a recomendação de procurar outro emprego.

- No segundo degrau, o da supervisão e da média gerência, uma pessoa trabalha onze horas por dia, mas não fica mais cansada. Sente-se esgotada. E terá direito, ocasionalmente, a uma licença médica.

- No terceiro degrau, o das gerências de alto nível, o funcionário trabalha doze horas por dia e ganha o direito de dizer que está extenuado. Será aconselhado a fazer sessões de terapia, cobertas pelo plano de assistência médica.

- O quarto degrau é o dos diretores, que trabalham treze horas por dia e não ficam cansados, nem esgotados, nem extenuados. Ficam estressados. No caso deles, a palavra é levada a sério – se um trainee disser que está com estresse, todo mundo diz que é frescura. Diretor estressado tem direito a período sabático – tira um mês e vai escalar o Everest, ou fazer o caminho de Santiago de Compostela.

- O quinto degrau é o da presidência. Presidentes trabalham catorze horas por dia e não se cansam, não ficam extenuados nem estressados. Em sua descrição de cargos está escrito que o presidente deve fazer de conta que está acima das fraquezas humanas. E todo mundo na empresa contribuirá para isso ao dizer que o presidente está com ótima aparência, mesmo que esteja um lixo.

Qualquer descrição de cargos vem acompanhada sempre de outra palavrinha – descrição de cargos e salários. Resumindo, o funcionário comum é pago – e muito mal pago – para ficar cansado. O presidente é pago – e muito bem pago – para fingir que nunca se cansa.

DINHEIRINHO NA MÃO

Você está vendo seu salário ser sugado pelos juros do cheque especial. Por isso, precisa de um dinheirinho urgente. Não é assim nenhuma fortuna, um mês de salário já seria suficiente. Depois de muito pensar, você chega à conclusão de que existe apenas um lugar de onde esse dinheiro poderia vir: da empresa em que trabalha. Mas quais seriam as alternativas para conseguir o que precisa?

Caso sua empresa tenha uma cooperativa de crédito, essa seria a solução ideal. A cooperativa empresta dinheiro com juros baixos e desconta em parcelas, diretamente do salário. Se não houver essa possibilidade, você tem três alternativas, que dependerão da boa vontade do departamento financeiro de onde trabalha.

- **Pedir antecipação do 13º. salário.** Há empresas que admitem isso e há as que nem querem ouvir falar dessa opção. Se a companhia for camarada, isso resolverá seu problema. É um empréstimo que você vai pagar daqui a sete ou oito meses e sem juros.

- **Vender as férias,** embora seja uma alternativa ilegal. A lei diz que o funcionário deve gozar suas férias. Mas existem empresas que compram as férias dos funcionários, mesmo que esse procedimento tenha que ser feito por baixo do pano.

- **Pedir um empréstimo** para ser descontado em parcelas mensais até o final do ano.

Mas para cada uma dessas soluções é preciso conversar, primeiro, com o chefe. Quando um funcionário é eficiente, o chefe está disposto a ajudar. Se você for muito eficiente, e seu chefe não lhe der atenção, você não tem um problema. Tem dois.

QUANDO NÃO É TÃO BOM ASSIM

Você acaba de entrar em uma empresa e já quer aplicar mudanças, antes mesmo de entender como ela funciona? Tática errada! É preciso ter paciência até se acostumar com o novo ambiente de trabalho. Há casos, porém, de empresas em que não vale a pena trabalhar. Aqui, meia dúzia de sinais que já indicam, depois de quinze dias, que você embarcou em uma canoa furada.

- O novo empregado não sabe exatamente qual é seu trabalho. Fica em uma mesa esperando que alguém lhe dê algo para fazer, e a chefia não parece muito preocupada em ver um funcionário ocioso, enfeitando o ambiente.

- Se o empregado faz uma pergunta sobre um processo ou um relatório, a resposta é sempre evasiva, como se a empresa estivesse querendo esconder alguma coisa.

- Em conversas com colegas, tem-se a impressão de que ninguém sabe qual é a situação financeira da empresa, nem quais são os planos em médio prazo.

- Trabalhos precisam ser refeitos, porque as orientações de como fazê-los são sempre imprecisas. Evidentemente, os erros são atribuídos não a quem orientou mal, mas a quem tentou executar bem.

- Não existe motivação para ir trabalhar. Parte dos colegas mostra conformismo e outra parte demonstra insatisfação.

- A rotatividade é altíssima. Poucos empregados chegam a completar um ano de casa.

Cinco desses sinais já são suficientes para alguém começar a procurar opções melhores de emprego. Trabalhar em uma empresa desse tipo é prejudicial à carreira e ao equilíbrio emocional.

INSATISFAÇÃO = COLESTEROL

Estar descontente com a empresa nada tem de anormal, porque várias pesquisas já demonstraram que insatisfação no trabalho é como colesterol: todo mundo tem e pode ser bom ou ruim. Os insatisfeitos se dividem em duas categorias: a primeira é a dos que estão insatisfeitos com eles mesmos. Essa é a insatisfação positiva, porque força a pessoa a tomar atitudes proativas, como estudar, aperfeiçoar-se ou se esforçar para ser mais produtiva nas tarefas e mais política no relacionamento. A segunda categoria é a dos que acreditam que a culpa é dos outros. Esse é o perigo, porque a situação tende a piorar a cada dia que passa e, na maioria das vezes, acaba resultando na perda do emprego.

Existem cinco sinais de insatisfação negativa:

- **Sensação de isolamento.** A pessoa sente-se como se não fizesse parte do ambiente de trabalho.
- **Relação com o chefe direto.** É conflitante ou, pior ainda, distante.
- **Falta de integração.** A pessoa nunca é convidada a participar de atividades que fogem da rotina do trabalho, dentro ou fora da empresa.
- **Sensação de inutilidade.** O trabalho está abaixo de sua capacidade e aquém de seu potencial.
- **Percepção de que a carreira estacionou.** Todos os colegas menos qualificados já receberam aumento de salário ou foram promovidos.

Quando esses cinco sinais se juntam, a pessoa vai para a marca do pênalti. Em uma futura entrevista, terá dificuldade para responder à pergunta: "Qual foi o motivo de sua demissão?". Foi inveja dos colegas? Incompetência do chefe? Miopia da empresa? Não. Foi apenas a incapacidade de transformar a insatisfação negativa em insatisfação positiva.

DESCONTENTE, REAJA

As razões que costumam estar por trás da frase "estou insatisfeito no meu trabalho" podem variar bastante, mas praticamente todas têm a ver com uma palavrinha: falta. Falta de oportunidade, falta de reconhecimento, falta de coleguismo, falta de bom senso.

O descontentamento leva a uma série de perguntas, que pode ser resumida em uma só: será que não está na hora de mudar de emprego? Antes é preciso ter certeza de que esse profissional avaliou bem a situação e não está se prendendo apenas a um fator que o incomoda. Aqui, uma pequena lista que vale para qualquer empresa do setor privado. Se a resposta para três delas for "não", considere a mudança de emprego uma opção bastante razoável. Se forem quatro respostas negativas, realmente está na hora de mudar. Se forem cinco, a hora já passou.

- O quadro de funcionários da empresa aumentou nos últimos doze meses?
- A empresa vem fazendo regularmente investimentos, ainda que pequenos?
- O número de empregados que pede demissão está abaixo de um para cada cinquenta?
- A maioria dos profissionais que foram promovidos já fazia parte da empresa?
- Os colegas, durante o expediente, parecem satisfeitos, mesmo que você não consiga entender por quê?

Se três ou mais respostas forem "sim", significa que o empregado pode até estar infeliz, mas não é a empresa que está gerando essa insatisfação. Por isso, antes de tomar uma decisão drástica, ele precisa tentar entender por que se sente mal em uma empresa que investe, gera oportunidades e tem bom ambiente de trabalho. Quem está nessa situação deve considerar uma mudança imediata, mas de comportamento e não de empresa.

BERRO, BOCEJO OU SILÊNCIO

Muitos profissionais poderiam resumir seu descontentamento em relação à carreira à falta de adaptação. Ou ao ritmo da empresa, ou à maneira como as decisões são tomadas, ou à falta de reconhecimento, ou ao tratamento que é dado aos funcionários. Não raramente, essas mensagens revelam que os colegas de trabalho não têm a mesma percepção da situação. Parece que só um, aquele que reclama, está vendo a situação como ela realmente é, enquanto os demais ou são míopes, ou acomodados, ou têm medo de se manifestar.

Empresas são diferentes em sua organização e em seu funcionamento. Existem empresas que praticam a meritocracia selvagem. Sua característica é o berro. Os que conseguem resultados acima dos objetivos são regiamente premiados, e os que não conseguem são sumariamente expelidos.

Existem empresas que são conservadoras. Sua característica é o bocejo. Cada passo é cuidadosamente planejado, e as decisões são tomadas somente depois de infindáveis reuniões, como se decidir fosse um sacrifício ou um pecado.

Existem empresas de dono, em que o humor do proprietário conduz a mudanças bruscas de direção. Sua característica é o pânico. Ninguém sabe o que poderá acontecer amanhã.

Existem empresas em que tudo está previsto em normas escritas, dos mínimos detalhes da rotina de trabalho até as dimensões do cartão de visita. Sua característica é o silêncio.

E, evidentemente, existe a percepção de cada empregado. Em qualquer um dos tipos de empresa mencionados, sempre haverá um funcionário que se sente trabalhando na melhor empresa do mundo, enquanto seu colega pensa exatamente o oposto. Os chamados "funcionários insatisfeitos" são aqueles que não conseguem se adaptar ao sistema adotado pela empresa. Tendem a vê-la como poderia ou deveria ser, não como é. O resultado é invariavelmente a desilusão, a falta de comprometimento e as queixas constantes.

Existem apenas duas opções para casos assim: ou o funcionário se enquadra ou procura outra estrada. Nenhuma carreira profissional ganha velocidade quando trafega na contramão.

PICUINHAS NÃO SIGNIFICAM DEMISSÃO

Quase sempre me deparo com pessoas que reclamam do emprego que têm. Os motivos variam. Dizem que não é o que querem. Não é para o que estudaram. Não são valorizados. A conclusão é quase unânime: pensam em pedir demissão.

Pedir a conta é uma medida drástica. Por isso, é uma decisão que deveria ser considerada em casos extremos e tomada depois de uma avaliação racional, e não emocional, das condições de trabalho que têm e das oportunidades que poderiam vir a ter.

De modo geral, todos nós tendemos a prestar mais atenção aos aspectos negativos da empresa e de nosso trabalho do que aos fatores positivos. Imaginamos que em outras empresas a situação seria bem diferente. Em um novo emprego, os aspectos negativos desapareceriam e os fatores positivos permaneceriam. Essa é uma visão, no mínimo, tremendamente otimista.

É mais ou menos como em um divórcio. Quando duas pessoas se casam, ambas acreditam que encontraram o melhor parceiro do mundo. Alguns anos depois, concluem que se enganaram redondamente na avaliação inicial. Quando o casamento chega a esse ponto, qualquer picuinha é motivo de encrenca. Algo sem importância para um adquire enorme importância para o outro. As críticas mútuas vão se acumulando e a separação parece ser a única solução. Cada um segue seu caminho, ambos se casam novamente, e o segundo casamento durará bem mais que o primeiro.

O que torna o segundo casamento mais estável é o aprendizado da primeira experiência. Na segunda vez, os parceiros estarão mais dispostos ao entendimento. Serão menos exigentes. Mais participativos e com mais disposição para perdoar. Aprenderão a valorizar mais o que têm, em vez de ficarem exigindo o que não têm.

Não aconselharia a quem está desgastado com o emprego atual não pedir a conta. Diria apenas que um novo emprego terá, como o atual, fatores positivos e negativos. Pedir novamente a conta, porque o novo emprego também não é bem o que a pessoa queria, seria como se divorciar pela segunda vez. Ficaria claro, então, que a pessoa quer que o mundo se adapte às suas exigências. Nenhum casamento e nenhum emprego resistem a essa visão de que um lado está sempre certo e o outro, sempre errado.

**O OBSESSIVO
E
O APÊNDICE**

O trabalho é um meio e não um fim em si mesmo. É apenas o modo que usamos para conseguir recursos que podem melhorar nossa vida e a vida de pessoas queridas. Essas afirmações são óbvias, mas várias estatísticas mundiais vêm revelando que o trabalho pode ter o efeito inverso: o de destruir relacionamentos pessoais e familiares a partir do momento em que a carreira passa a ser prioridade número um. Esse tipo de obsessão nasce do fato de que o sucesso profissional é mais visível do que o sucesso pessoal.

O sucesso profissional pode ser exibido publicamente, por meio de roupas de grife, de carros, de equipamentos tecnológicos. O sucesso pessoal é percebido apenas por um restrito círculo de familiares.

A obsessão pelo trabalho começa cedo e os primeiros sintomas passam despercebidos. Aqui vão sete sinais de que você está exagerando na dose:

- Durante o expediente, o obsessivo não para de fazer o que estava fazendo quando um colega se aproxima para conversar.

- O obsessivo passa dias remoendo uma simples crítica que recebeu de um chefe ou de um colega.

- O obsessivo diz com orgulho que não tira férias e que trabalha em casa nos finais de semana.

- Em uma conversa informal, o obsessivo sente desconforto quando o assunto não é trabalho, como se qualquer outro tema fosse inútil.

- Quando alguém pergunta genericamente como vai a vida, a primeira coisa que vem à mente do obsessivo é a carreira e não a família.

- O obsessivo usa palavras e expressões típicas de empresas em conversas familiares.

- Ao planejar o futuro, o obsessivo vê cargos e não momentos de lazer.

Evidentemente, funcionários obsessivos vão mais longe na carreira. O problema é que muitas famílias se desintegram porque não aceitam ser apenas um apêndice de uma carreira bem-sucedida.

UMA CRÍTICA POR HORA, UM ELOGIO A CADA ANO

Motivação é uma palavra muito repetida em empresas. Pessoas motivadas produzem mais. Reclamam menos. Dão resultados melhores. Para haver motivação, é preciso que exista estímulo. E aí vem a pergunta: as pessoas se autoestimulam ou precisam ser estimuladas?

É possível dizer que, ao ser contratado, qualquer funcionário está muito motivado. E daí em diante tudo vai depender do que esse funcionário vai encontrar pela frente.

Existem vários fatores que diminuem o estímulo e fazem a motivação cair. Alguns deles são:

- Carga horária excessiva, inclusive nos finais de semana. Ou seja, muito trabalho e pouco descanso.

- Ambiente físico ruim. Muito calor, muita umidade, muito barulho, muita poluição. Pouco espaço para se mover. Baias fechadas que impedem até o contato visual com os colegas.

- Serviço repetitivo, que dá ao empregado a impressão de que seu trabalho não é importante. Sua opinião nunca é solicitada e suas sugestões são ignoradas.

- Falta de um processo de avaliação de desempenho. Essa atitude faz as virtudes desaparecerem e os defeitos serem amplificados. Resultado: uma crítica por hora e um elogio por ano.

- Ausência de boa comunicação interna. Ninguém sabe para onde a empresa vai, nem como está indo. Isso cria um ambiente propício a intrigas.

- Salário é a linha que costura a motivação. Quanto menor for, mais fraca será essa linha. Há empresas que usam o salário variável, chamado bônus, para compensar a falta de fatores de estímulo. Empresas assim têm funcionários motivados. Mas também alta rotatividade. Porque o empregado, depois de um par de anos, começa a desconfiar que salário é bom, mas não é tudo.

Resumindo, a motivação é o resultado das condições que a empresa cria para que o empregado possa se motivar.

INTERINO PARA SEMPRE

Quem já não passou por um período de interinidade? Quando é temporário, e como tal deveria ser sempre, não há mal nenhum em aceitar a proposta da empresa. É até um modo de se mostrar que se tem capacidade para exercer uma função mais graduada. Mas quando esse período se arrasta por meses, como aconteceu com um gerente conhecido, pode provocar decepções. E das grandes. Porque, no caso desse gerente, ele voltou às atividades anteriores, apesar de os colegas apostarem que seria efetivado no cargo. É verdade que o diretor da área nunca prometeu nada de concreto, mas o gerente que virou ex-gerente sentiu que foi rebaixado.

Em situações como essa, há três coisas a fazer:

- Pedir ao diretor que avalie a atuação do funcionário como interino. Ele não deve a promoção, mas deve uma explicação. Nessa conversa, o profissional não tem de perguntar por que não foi promovido. Mas saber o que é necessário para ganhar a promoção em futuro próximo.

- Ser o primeiro a receber o novo gerente de braços abertos e incentivar os colegas a tomar a mesma atitude. O novo gerente será informado da interinidade do antecessor. E deve perceber que ele é aliado e não ameaça.

- Assumir uma gerência é para quem sabe e pode. Uma vez no cargo, o funcionário foi mordido pela mosca azul da gerência. Todos os dias, acordará com a dúvida de que poderia fazer algo melhor do que o trabalho atual. Então, deve colocar no currículo que foi gerente. E, se empresa não enxergá-lo como futuro candidato ao cargo, tem de procurar outra que enxergue.

**CURINGA
NUNCA
MAIS**

Você é um curinga na sua empresa, aquele tipo faz-tudo? Pois ouvi queixas de um profissional assim. Disse ele: "Substituo colegas de outros departamentos que saem de férias e sempre sou chamado quando existe algum incêndio que precisa ser apagado. Em um dia posso ser motorista, no outro auxiliar de contabilidade. Sou reconhecido pelos diretores, mas até agora os agradecimentos ficaram somente nas palavras. Dinheiro que é bom ninguém nunca mencionou. Gostaria de saber como aproveitar minhas habilidades para conseguir um salário melhor".

Fiz uma pequena lista mental de pessoas com as quais trabalhei e que tinham esse perfil de curinga. Durante algum tempo, davam a impressão de serem indispensáveis. Em alguns casos, comentava-se que a empresa não poderia funcionar sem elas. Algumas até se comportavam como se, de fato, ocupassem cargos importantes. Mas, quando um curinga pedia para ser efetivado em uma função, o chefe respondia: "De jeito nenhum, o que você faz ninguém mais consegue fazer". Tudo isso parece ótimo da boca para fora, embora o resultado seja sempre negativo, quando se pensa em uma carreira a médio e longo prazo.

Enquanto os curingas permanecem onde estão, seus colegas conseguem ser promovidos. Porque o curinga, ou o quebra-galho, ou o gerente de nada, apelido dado a uma das pessoas com quem trabalhei, era exatamente isso: alguém com algum conhecimento prático de muitas coisas, mas sem conhecimento específico e profundo de uma única coisa. Na hora da promoção, o escolhido era sempre um especialista.

Minha recomendação para você, que está curinga, é: procure uma empresa em que possa se fixar em uma só função, aquela que você mais gosta de executar. Pessoas como você são úteis para as empresas, mas as empresas não são úteis para a sua carreira. Com o tempo, você descobre que nem sequer tem uma função principal para colocar no currículo, e isso só vai lhe fechar portas no mercado de trabalho.

Nenhuma empresa tem no organograma uma função chamada curinga. Não tem porque não é necessária. É apenas conveniente. A função só existe na prática, porque alguém se dispõe a isso em prejuízo do próprio crescimento profissional.

FALHAR, SIM; ESCONDER, JAMAIS

Errar é fácil. Faz parte da vida profissional. Admitir um erro é mais difícil. Muitos profissionais passam horas tentando encontrar maneiras de esconder um erro, quando poderiam confessá-lo em um minuto. Porque ninguém gosta de parecer ignorante. Ou incompetente. Mas a verdade é que tentar esconder um erro – e ter que dar explicações quando for descoberto – é uma atitude errada. Em casos como esse, o erro original seria perdoado. O erro da dissimulação, dificilmente. Aprender a lidar com os próprios erros é um dos maiores sinais de maturidade profissional. Errar, todo mundo erra.

Por que os erros acontecem? Por quatro principais motivos:

- **Superestimar a própria capacidade.** Acontece com pessoas que tentam fazer várias coisas ao mesmo tempo e imaginam que podem dar conta de tudo.

- **Subestimar o problema.** Acontece com quem tem um problema novo pela frente e um histórico de sucessos atrás de si. A autoconfiança é tanta que o problema fica parecendo menor do que realmente é.

- **Esperar para ver.** Dar tempo ao tempo para que o problema se resolva sozinho. Acontece com quem é otimista. Normalmente, os pessimistas erram menos, porque acreditam que alguma coisa vai sair errada.

- **Não juntar todos os dados possíveis.** Acontece com quem acha que uma situação é mais ou menos parecida com situações anteriores. Em entrevistas de emprego, mencionar os próprios erros conta pontos positivos.

Aqui estão três dicas importantes:

- Concentrar-se nos erros que foram corrigidos em tempo.

- Explicar como lidou com as consequências do erro. Assim, será possível transformar uma falha em boa história de sucesso.

- Nunca culpar o próximo. Por exemplo, "avisei, mas ninguém fez nada" não é uma justificativa. É um erro.

**DE
CHICLETE
A CROQUETE**

Falar em público é sempre complicado. Algumas pesquisas apontam que esse é o receio número um dos executivos. Mas, como pesquisas são feitas sempre nos Estados Unidos, acho que o executivo brasileiro tem preocupações mais urgentes, como tentar se segurar no emprego.

Falar em público é matéria que as universidades não ensinam, embora seja mais importante para a carreira do que teorias de administração. Em qualquer apresentação que se faça, menos da metade da plateia presta atenção no conteúdo. A maioria tem os olhos voltados para a postura do apresentador. Quem vai fazer apresentação para clientes ou para colegas, precisa saber de alguns detalhes, como os que estão a seguir.

- Qualquer plateia decide, nos primeiros trinta segundos, se vai ou não gostar do apresentador. Se gostar, perdoará os erros que eventualmente ele poderá cometer – e até hoje não nasceu quem não cometa erros. Se gostar do apresentador, até o pigarro será aplaudido. Mas, se criar antipatia imediata pelo apresentador, a tarefa dele será mais difícil que trocar pneu furado com o carro andando. A plateia detesta aquele tipo de apresentador que parece dizer: "É um prazer para vocês eu estar aqui".

- Se você estiver nervoso porque a apresentação é muito importante, significa que você é normal. Ninguém precisa ficar se desculpando por ser normal.

- Leve algo para a plateia mastigar durante a apresentação – de chiclete a croquete. Enquanto os ouvintes estiverem ocupados mastigando, a tarefa do apresentador se tornará mais fácil, porque o centro de raciocínio da plateia se deslocará do cérebro para o estômago.

ENQUANTO ISSO, NO DIA DA VERDADE

De todas as datas celebradas anualmente, formais ou informais, oficiais ou não, o dia da mentira é a mais obscura. Não há registros claros de como tudo começou, nem quando, nem onde. Há, naturalmente, várias teorias conflitantes sobre a origem do dia da mentira. Mas, fazendo jus à data, não há como provar que uma delas seja a verdadeira.

Não existe o dia da verdade, o que é uma pena. Seria um dia em que cada pessoa poderia chegar a seu local de trabalho e dizer exatamente o que pensa, sem ser punida pela sinceridade.

No dia da verdade, o chefe faria a avaliação de desempenho de uma funcionária de maneira bem diferente do que costuma fazer. Diria o chefe:

— Samanta, essas avaliações são um desperdício de tempo, mas a empresa me obriga a fazê-las.

— Chefe, acredito que avaliações funcionam quando são feitas por alguém competente, o que não é seu caso.

— Como sempre, Samanta, você tem alguma coisa inteligente para dizer, e isso me faz sentir inseguro, além de me irritar profundamente.

— Obrigada por compartilhar isso comigo, chefe. De hoje em diante, farei o possível para irritá-lo cada vez mais.

— Muito bem, Samanta. Seu desempenho foi excelente, o que me deixa apavorado. Preciso encontrar alguma coisa para fazer você se sentir pior do que realmente é.

— Hummm... que tal cooperação, chefe? Porque detesto cooperar com alguém insensível e mal-educado como o senhor, embora eu viva fazendo de conta que respeito a hierarquia.

— Ótima sugestão, Samanta. Como não pensei nisso?

— É que pensar nunca foi seu forte, chefe.

— Certo, Samanta. Agora, assine aqui e me dê licença, porque preciso fingir que estou trabalhando.

— Qualquer coisa, chefe, estarei ali na minha mesa, admirando sua falta de capacidade.

— Maravilha, Samanta. Mas não se esqueça de que o dia da verdade é só hoje. A partir de amanhã, voltamos à velha rotina de guardar a verdade para nós mesmos.

— Por falar nisso, chefe, amanhã vou fazer uma entrevista em outra empresa e dar a desculpa de que me atrasei porque tive um problema pessoal.

— Só se você chegar depois das dez, Samanta, porque vou dormir até tarde e dizer a meu diretor que fui visitar um cliente.

EM NOME DAS ESTRELAS

Craques e artilheiros são os destaques das cinco Copas que o Brasil ganhou. Hoje, quando a tevê mostra lances da Copa de 1958, o principal destaque é Pelé. Em 1962, foi Garrincha. Em 1970, o trio Pelé, Tostão e Jairzinho. Em 1994, Romário. Em 2002, Ronaldo.

Mas nenhum desses fantásticos jogadores entrou para a história por ter forte liderança no campo. Os verdadeiros líderes, como Zito em 1958 e 1962, e Dunga em 1994, ficaram em segundo plano. O trabalho desses craques, importantíssimo, era correr, lutar, incentivar e motivar.

A partir do exemplo que eles deram no campo, é possível tirar cinco lições vitais para quem lidera uma equipe de funcionários.

- O líder não é necessariamente melhor que seus liderados, tecnicamente falando. Deve liderar, sobretudo, pelo bom exemplo.

- O líder, quaisquer sejam suas convicções estratégicas, é o responsável pelo cumprimento de um plano, previamente traçado por seus superiores hierárquicos.

- O líder precisa conhecer bem cada um de seus liderados para saber a que tipo de estímulo eles reagem melhor. Tratar a todos do mesmo jeito é ignorar que cada um é diferente do outro.

- O líder precisa ser o primeiro a cumprimentar um liderado por um trabalho benfeito. O pior pecado do líder é a omissão.

- O líder que ofende administra pelo medo. Acaba criando desafetos e descontentes. O líder que incentiva administra pela união e constrói uma equipe vencedora.

A seleção brasileira tem muitos craques, assim como as empresas têm muitos talentos. Mas o talento, como já se viu, pode ser anulado por um grupo de qualidade inferior, porém mais coeso e mais motivado. É nesse momento que entra o líder. Alguém que, mesmo podendo mandar, é capaz de se sacrificar para que as estrelas possam brilhar.

SENHOR CONSELHEIRO

Muitas faculdades recomendam a jovens recém-formados, e que acabaram de entrar no mercado de trabalho, encontrar um mentor. Várias empresas também sugerem a seus executivos que tenham um mentor. É uma boa ideia.

Um mentor é um conselheiro, uma pessoa com mais experiência. Com um mentor, uma pessoa aprenderia certas coisas mais rapidamente, poderia tirar dúvidas com relação a sua carreira e não cometeria os mesmos erros que seu mentor cometeu quando ainda era jovem e inexperiente. Para quem está pensando em ter um mentor, aqui vão três dicas.

- O mentor precisa conhecer muito bem seu pupilo. Desde a infância, de preferência.

- O mentor não é uma pessoa que vai ajudar a arranjar emprego ou a conseguir promoção.
- O mentor tem de trabalhar em tempo integral. Precisa se colocar à disposição do pupilo e conversar com ele várias vezes ao dia, mesmo quando não houver nada para ser conversado. O mentor não decide, apenas orienta. Por isso, mentor por correio eletrônico ou por telefone, que faz sugestões de vez em quando, mais atrapalha que ajuda.

A palavra mentor foi tirada de uma obra clássica, *Odisseia*, escrita pelo grego Homero há quase três mil anos. O herói, Ulisses, ao perceber que passaria longo tempo longe de casa, deixou suas propriedades e sua mulher, Penélope, aos cuidados de um amigo fiel, chamado Mentor.

A grande lição da *Odisseia* é que ter um mentor apenas não é garantia de nada. Porque, para Penélope e Ulisses, as coisas foram de mal a pior. A história mostrou que ter um mentor ajuda, mas nem sempre resolve.

DESORDEM DE OPINIÕES

Dentro de uma grande empresa acontecem, semanalmente, reuniões operacionais. Nesses momentos tendem a aparecer conflitos de opiniões. Embora inevitáveis, podem ser úteis. Aqui vão seis dicas para tornar a reunião mais produtiva e menos combativa:

- Não interromper quem está falando. A maioria dos conflitos começa quando um corta o outro e o outro reage.

- Manter o tom normal de voz. Quase sempre, quem está perdendo a discussão resolve falar mais alto, o que leva o outro a falar mais alto ainda, transformando a conversa em gritaria.

- Usar números concretos em vez de emitir opiniões pessoais. Quando não há fatos comprovados, todo mundo tem razão.

- Não fazer acusações. No calor da discussão, é comum um atacar o setor do outro e o outro se defender do ataque.

- Nomear, a cada reunião, um dos gerentes para ser o coordenador, em sistema de rodízio. Dar a ele o poder que um diretor teria: conceder a palavra e encerrar um assunto.

- Fazer uma agenda prévia do que será discutido. Todos podem dar sugestões do que desejariam discutir. Mas, se um assunto não estiver na agenda, não poderá ser levantado. Quando não existir uma ordem de temas, a consequência natural será a desordem de opiniões.

BEIJO, APERTO DE MÃO OU...

Existem regras para finalizar e-mails empresariais? Você acha conveniente escrever abraços ou beijos, quando envia mensagens para pessoas com quem trabalha? Essas perguntas podem parecer meio inócuas para muitos profissionais, mas, para mim, é uma minúscula pérola de sensibilidade, porque um rótulo indesejável pode nascer de uma atitude mal pensada ou uma palavra mal colocada.

No tempo da datilografia, a correspondência corporativa era mais rebuscada e mais monótona. Uma carta principiava com um excelentíssimo ou um ilustríssimo e terminava com um cordialmente ou um atenciosamente.

A linguagem escrita na era digital se tornou mais leve e mais solta, e muito mais próxima da linguagem cotidiana. Mas o mundo corporativo continua povoado por muitos excelentíssimos e ilustríssimos, e essa gente detém uma razoável parcela do poder de decisão.

Vamos, então, começar pela cultura da empresa. Existem aquelas em que os colegas se beijam quando chegam ao trabalho pela manhã. Existem outras em que os colegas se cumprimentam com um aperto de mão. E existe um terceiro tipo em que a distância mínima a ser guardada entre dois colegas deve permitir a passagem de um motoboy em alta velocidade.

No primeiro tipo, não há problema em transferir para o e-mail uma prática física e disseminada. Na segunda, escrever beijo, se ninguém se beija, é forçar o ambiente. Na terceira, quem perpetra um ósculo por extenso pode ser convocado a se explicar diante da Santa Inquisição Corporativa. Essa é a primeira regrinha.

A segunda diz respeito à hierarquia. Nunca é recomendável grafar beijos e abraços para chefes de alto escalão. A terceira diz respeito a colegas que leem uma coisa e imaginam outra. Para eles, um mero beijo em fonte 12 pode ser interpretado como "estou disponível".

É por isso que grandes empresas adotam manuais de redação de e-mail, para evitar o uso de palavras toscas ou que possam gerar interpretações errôneas. Para as que não adotam, o melhor é terminar o e-mail com um obrigado e escrever o nome. Pode ser menos caloroso, mas é mais profissional e bem menos arriscado.

ARREPENDIDO?

Uma estatística inquietante: 25% das pessoas que mudam de emprego se arrependem da troca em menos de seis meses. Você saiu recentemente da empresa em que trabalhava e está meio em dúvida se tomou a decisão correta? Pois, então, aqui estão os dez sinais de que a atitude pode não ter sido a ideal.

- Você compara constantemente o modo como as coisas são feitas hoje com a maneira como eram feitas na empresa anterior. Quase sempre chega à conclusão de que antes era melhor.

- Você usa a palavra vocês e não nós ao comentar coisas de trabalho com os colegas, como se fosse um espectador e não alguém que faz parte da turma.

- Você desconfia de que não está sendo bem aceito, mesmo que nenhum colega tenha dado demonstrações explícitas de que isso seja verdade.

- Você interrompe o trabalho com maior frequência para tomar um café, ir ao banheiro ou simplesmente ficar pensando na vida.

- Você se mostra pouco disposto a bater papo e percebe que sua paciência diminuiu bastante.

- Você nota que sua resistência a críticas também baixou e toma qualquer referência a seu trabalho como ofensa ou inveja.

- Você se ressente por não ser convidado por seus colegas a participar de atividades fora da empresa. Quando finalmente é convidado, arranja uma desculpa e recusa.

- Você começou a pensar mais no futuro profissional, quando antes estava preocupado com viver o presente.

- Você sente, duas ou três vezes por dia, uma vontade danada de se comunicar com alguém da empresa anterior.

- Você se deu conta de que acordar se transformou em um processo mais lento e mais complicado do que costumava ser.

Mudar é positivo, mas mudar por mudar, sem avaliar bem a nova empresa, mesmo que o salário seja um pouco melhor, pode significar retrocesso na carreira e não avanço.

FICAR
 OU
IR EMBORA

Para qualquer situação na vida, existem apenas três alternativas: adaptar-se, fugir ou morrer. Isso valia para os dinossauros havia cem milhões de anos e continua valendo para os executivos do século XXI. A terceira – morrer –, no sentido profissional da palavra, aparece em frases como "o especialista está morto". E quem está vivo, e com vontade de continuar vivendo por muito tempo, sempre se depara com obstáculos. Como o chefe ranzinza e inseguro. Ou o colega invejoso.

A empresa que não reconhece o talento de um funcionário não dá oportunidades. A alternativa válida, nesse caso, é fugir. Pedir a conta e ir embora para outro lugar, ou dizer adeus e abrir o próprio negócio. Essa é uma alternativa que requer coragem para correr riscos. Fez o ser humano migrar e povoar o mundo. Fugir nem sempre dá certo, mas quando dá o sucesso é garantido.

A última alternativa, e a mais fácil delas, é a adaptação. É o que se chama de pragmatismo, uma palavrinha complicada, de origem simples: no antigo grego, *pragma* queria dizer obrigação. Quem diz "não fiz nada mais que minha obrigação" é pragmático.

Ser pragmático significa aceitar a hierarquia e obedecer às regras. Fazer o que devemos fazer, e não o que gostaríamos de fazer. E qual seria a melhor alternativa para o funcionário do século XXI? As três. Mas uma de cada vez e no momento certo.

Pessoas de sucesso são as que têm sabedoria para perceber a hora de concordar e a hora de contestar. A hora de ficar e a hora de ir embora. E, nos momentos mais conturbados, que não são poucos nas empresas, sempre resta a velha alternativa que já salvou a vida de muita gente: fingir-se de morto.

A BOMBA-RELÓGIO ESTÁ ARMADA

Qual é o momento certo de sair de um emprego? Existem cinco estágios em uma relação de trabalho. Os três primeiros são avisos de que o emprego atual pode não ser o ideal. O quarto é o sinal amarelo. E o quinto, o vermelho.

- **Primeiro:** você demora a dar a partida. Os primeiros minutos do expediente determinam o grau de satisfação de um profissional. O empregado satisfeito começa a trabalhar imediatamente. O insatisfeito não consegue se concentrar. Nos primeiros minutos na empresa, pensa na vida, ou faz coisas que nada têm a ver com o trabalho, como acessar a internet.

- **Segundo:** você está aborrecido. Várias vezes durante o dia, você tem a impressão de que poderia fazer outra coisa em outro lugar.
- **Terceiro:** você se irrita sem necessidade. Na maior parte do tempo, é uma pessoa cordial. Mas, de vez em quando, reage rispidamente diante de uma situação normal.
- **Quarto:** você se irrita com seu chefe. Quando não existe um alvo específico para descarregar a irritação, ela é canalizada para o chefe direto. Você começa a avaliar o comportamento dele até chegar à conclusão de que seria melhor subordinado se tivesse um chefe melhor.
- **Quinto:** você se irrita com tudo. Qualquer decisão da empresa parece errada e você não consegue mais aturar as manias da maioria de seus colegas.

A hora certa de sair é quando surgem os primeiros sintomas do quinto estágio. Ficar significa armar uma bomba-relógio para sua carreira e, não raramente, para sua saúde.

**TEMPO
DE
SOBRA**

Quem está sem emprego costuma sofrer de angústia por ficar tanto tempo parado. Sente-se meio inútil. Gasta horas do dia atualizando e mandando currículos, tentando fazer contato com antigos colegas de trabalho – embora a maioria deles despreze esses telefonemas.

Aqui vai uma listinha de coisas que todo desempregado pode fazer:

- **Cursos rápidos, de um dia.** Não importa o conteúdo. O desempregado vai conhecer gente. E sempre é importante conhecer gente.

- **Trabalho voluntário.** Procurar uma ONG e dar sua colaboração. Além de conhecer mais gente, o desempregado vai melhorar o currículo. As grandes empresas estão cada vez mais ligadas em responsabilidade social. E ele poderá dizer em uma próxima entrevista, sem precisar inventar, que se dedica ao trabalho comunitário.

- **Cuidar da saúde.** Fazer um *checkup*, um tratamento dentário. São cuidados importantes que a maioria dos executivos não leva em conta porque falta tempo. Tudo o que o desempregado tem é tempo de sobra.

- **Fazer exercícios.** Caminhar todos os dias ajuda a relaxar. Como mandar currículos e ligar para quem não atende só aumenta o estresse, uma coisa compensa a outra.

- **Ler muito.** E aproveitar para se atualizar. Se o desempregado tiver um micro, deve descobrir aquela infinidade de pequenos segredos dos programas usados em empresas, como Word, Excel e PowerPoint. A maioria das pessoas que usa esses programas não conhece nem 20% do que podem oferecer.

Hoje, ficar desempregado não é vergonha. É apenas circunstância. Quem não tem emprego não está perdendo tempo, está ganhando tempo para fazer coisas que nunca havia pensado em fazer. Ficar angustiado é a pior maneira de aproveitar a "folga".

OUTPLACEMENT
O QUÊ?

Em busca de uma vaga no mercado de trabalho, há quem considere a possibilidade de contratar uma agência de *outplacement*. Mas ninguém sabe ao certo se esse investimento vale a pena.

É preciso, antes de tudo, desfazer dois equívocos. O primeiro é em relação ao *outplacement* propriamente dito. A tradução do termo inglês *outplacement* é literalmente "colocação para fora".

Funciona assim: quando decide demitir um funcionário graduado, que ocupa um cargo de responsabilidade, uma empresa pode fazer o que a lei trabalhista determina, ou seja, encerrar o contrato de trabalho burocraticamente, sem mais delongas. Ou, então, pode demonstrar seu apreço pelas contribuições dadas pelo demitido e ter um pouco de preocupação com o futuro dele. Nesse caso, a empresa contrata uma agência de *outplacement*.

O trabalho se divide em três partes: o apoio à própria empresa, orientando a pessoa que ficará com a triste tarefa de comunicar a demissão. Em seguida, imediatamente depois dessa comunicação, a agência passa a conversar com o demitido para reduzir o impacto do trauma e explicar que ele não vai ficar desamparado. Finalmente, o demitido terá um local físico para se instalar enquanto procura outro emprego e receberá toda a assistência psicológica e operacional possível. O processo todo pode durar até seis meses, e o custo para o demitido é zero. Quem contrata e paga a agência de *outplacement* é sempre a empresa.

O segundo equívoco é mais amplo. Existem agências de recolocação, que têm um cadastro de candidatos e até podem oferecer serviços de aconselhamento profissional e orientação de carreira. As empresas contratam essas agências de recolocação quando procuram um profissional para uma vaga em aberto.

Resumindo, existem agências que procuram um profissional para um emprego. Mas não existem agências que procuram um emprego para ele.

AMIGOS, AMIGOS,
EMPREGO À PARTE

Outro dia, ouvi o desabafo de um profissional sobre amizade. Dizia ele: "Vivo uma situação que me alegra e me entristece. Trabalho em uma boa empresa e tenho um bom cargo. Essa é a parte boa. A parte não tão boa é que vários amigos estão desempregados ou insatisfeitos e querem mudar de emprego. Recebo, então, muitos pedidos de ajuda. Minha empresa tem aberto uma quantidade de vagas até razoável, considerando-se a atual situação do mercado de trabalho. Eu poderia ajudar alguns de meus amigos. Mas, se simplesmente entregar um currículo na área de recursos humanos, ele irá direto para o banco de dados e desaparecerá em um buraco negro. Para poder de fato ajudar, tenho que conversar diretamente com o gerente da área em que há uma vaga em aberto. Fiz isso algumas vezes e ouvi a pergunta: 'Você garante que essa pessoa será eficiente? Garante que não terá problemas de relacionamento com os colegas?'. Fico em dúvida. Como posso garantir isso? Sei que meus amigos são pessoas responsáveis, mas nunca trabalhei diretamente com eles. Qual é a melhor atitude em casos assim?"

Começando pelo óbvio, respondi eu, você é um profissional. Não deve indicar um amigo para uma vaga porque ele é um bom amigo, mas porque será um bom profissional. Se você não tiver informações suficientes para dar essa garantia, deve dizer isso ao gerente que lhe fez a pergunta. Responda que você recomenda seu amigo do ponto de vista de comportamento se isso for verdade, mas enfatize que a avaliação profissional deve ser feita pelo próprio gerente durante uma entrevista. Com um pouco de insistência, você conseguirá que seu amigo seja entrevistado.

Caso isso aconteça, e o gerente ficar em dúvida se contrata ou não seu amigo, não force a barra. Retire a indicação e diga ao amigo que você fez o que estava ao seu alcance, mas que ele não foi aprovado na entrevista. Se o amigo for um bom profissional, será aprovado na entrevista. Logo, não se torture demais. Você é pago para fazer a empresa ser cada vez melhor, e isso inclui a indicação de bons profissionais. Se indicar o amigo errado para uma função, e ele depois vier a perder o emprego, você ficará em uma saia justa: a empresa pode passar a desconfiar de você, e você ainda correrá o risco de ficar sem o amigo. Em resumo, não misture o que não precisa ser misturado.

AS
SETE
FASES

A mais perfeita definição das sete fases de qualquer projeto nasceu na Universidade de Ohio, nos Estados Unidos, na década de 1950. De lá para cá, praticamente nada mudou.

- **Primeira:** a do supremo entusiasmo. Parece que tudo vai dar certo. Todas as perguntas são rapidamente respondidas. Todos os que não acreditam no projeto são prontamente ridicularizados.
- **Segunda:** a da relativa dúvida. Algumas coisas parecem que não vão dar tão certo. O custo será um pouco mais alto que o planejado e o tempo de execução, um pouco mais longo do que o previsto no cronograma.

- **Terceira:** a da aparente confusão. O projeto inicial é revisto, refeito ou simplesmente abandonado. Mas, se prosseguir, virá a quarta fase.

- **Quarta:** a da indicação dos suspeitos. O número de relatórios começa a aumentar vertiginosamente, porque há um único objetivo: salvar a própria pele. Tinha um chefe que dizia: "O mais importante em qualquer projeto é culparmos alguém antes que alguém nos culpe".

- **Quinta:** a da punição dos inocentes. Aqueles que, em vez de escrever relatórios, tentaram salvar o projeto.

- **Sexta:** a do elogio aos omissos. Quem não participou do projeto fica com a glória apenas por não ter embarcado em uma canoa furada.

- **Sétima:** a das lições aprendidas. São definidas claramente as normas para que qualquer projeto não acabe sendo dirigido por um grupo de incompetentes ou inconsequentes. Pouco tempo depois da reunião que define essas normas, os envolvidos vão cometer um único erro: proporão um novo projeto. Que, obviamente, será recebido com supremo entusiasmo.

**NAVEGANDO
EM OUTROS
MARES**

Nos últimos dez anos, uma grande quantidade de empresas mudou de dono no Brasil. Parte disso se deveu às privatizações, parte às fusões e parte à necessidade de empresas maiores comprarem empresas menores para poderem manter sua posição dominante no mercado.

Independentemente do motivo, sempre que uma empresa muda de dono, os empregados sentem-se como mercadorias que mudaram de mãos. Reúnem-se no banheiro para perguntar: "E agora?". Resposta: é preciso tocar o barco e enxergar a mudança não como um desastre, mas como uma oportunidade. A melhor maneira de aproveitar a oportunidade é passar por cima de alguns preconceitos, até normais, contra os que estão chegando. Aqui estão alguns:

- **Quem chegou é arrogante.** Não é bem assim. Quem chega pertence a uma cultura diferente e tem seu próprio modo de administrar. Tentar entender essa nova cultura é a melhor maneira de se encaixar nela.

- **O pessoal novo vai querer fazer grandes mudanças.** Pense o contrário: se a sua empresa tivesse comprado outra, deixaria tudo como estava? Claro que não. Sua empresa implantaria uma filosofia própria de trabalho.

- **Quem chegou critica o nosso jeito de trabalhar.** Deixe que falem. E, em vez de discutir, escute. Em qualquer mudança de dono, as melhores oportunidades sempre surgem para os primeiros que pularem no novo barco. É difícil admitir isso, mas o barco antigo já não existe mais. Agora, os mares são outros. Quem se adaptar rapidamente à nova cultura descobrirá que há mares que vêm para bem.

EM VEZ DE EMPREGADO, PATRÃO

Abrir o próprio negócio está deixando de ser uma alternativa para poucos e se tornando uma necessidade para muitos. Por um motivo simples: não há emprego suficiente para todo mundo. Para cada dez jovens bem qualificados, não há mais que três empregos.

É claro que ainda existem entraves sérios para quem quer ser patrão. A maior dor de cabeça na hora de abrir uma empresa ainda é a dificuldade de conseguir um financiamento. As exigências são muitas e os juros, indecentes.

A segunda é a burocracia. O que lá fora leva dias, aqui demora meses.

A terceira são os impostos. O Brasil é um dos campeões mundiais de cobrança de impostos.

A quarta dificuldade é psicológica. Existe uma estatística que aponta: de cada dez pequenas empresas, cinco desaparecem antes de completar três anos. Todo mundo se assusta com esse risco, mas pouca gente pergunta qual seria esse número nos Estados Unidos ou na Europa. A resposta é: semelhante ao do Brasil.

Lá fora, as pessoas encontram menos entraves burocráticos para abrir uma empresa, pagam menos impostos, contam com juros mais camaradas, mas metade das empresas quebra da mesma forma. Tanto lá como aqui, 50% de chance de acertar é um número bastante aceitável.

Conforme o tempo vai passando, mais jovens se convencem de que terão de trabalhar por conta própria, porque não haverá vagas para trabalhar para os outros. Esses jovens, os novos empreendedores, são o futuro do Brasil. Nenhum dos países mais ricos e poderosos do mundo se deu bem porque formou bons empregados. Ficaram ricos porque formaram grandes empreendedores.

**TESTE:
VOCÊ É
EMPREENDEDOR?**

A receita do sucesso, não raramente, é a mesma do insucesso. Há profissionais que seguem determinados passos e chegam a algum lugar, enquanto outros seguem exatamente os mesmos passos e não chegam a lugar algum. Uma boa opção seria abrir um negócio próprio, algo que requer vocação para o empreendedorismo. Existem seis sinais de que uma pessoa pode ter espírito empreendedor – os mesmos de que ela não quer nada com nada.

- **Primeiro:** tem dificuldade para se decidir por um curso ou uma profissão. Quase sempre, a pessoa abandonou uma faculdade e partiu para um curso completamente diferente, ou simplesmente parou de estudar.

- **Segundo:** sente desconforto em qualquer emprego, ou tem a sensação de que não faz parte daquele ambiente e está ali apenas "por enquanto".

- **Terceiro:** sente um calafrio na coluna só de pensar que poderá passar dez anos trabalhando na mesma empresa, vendo todos os dias os mesmos colegas e o mesmo chefe.

- **Quarto:** tem horror a qualquer coisa que lembre rotina. O resultado é a dificuldade de concluir qualquer tarefa dentro do prazo, principalmente aquelas sem desafios.

- **Quinto:** tem baixíssima tolerância a críticas e a conselhos profissionais e nenhuma vontade de conversar sobre coisas simples, como preparação de currículo ou entrevista de emprego.

- **Sexto:** sente vontade de escapar da realidade. Um dos caminhos de fuga mais comuns é o desejo de passar um bom tempo no exterior com o propósito de aprender outro idioma.

A má notícia é que esses sinais podem indicar falta de vontade de trabalhar. A boa notícia é que muitos empreendedores passaram por alguns desses sinais, ou todos eles, e encontraram o caminho do sucesso.

ALBERT, PARE DE PENSAR

Um executivo que trabalhou em multinacionais durante trinta anos fez uma radiografia sobre empreendedorismo dentro das empresas. Escreveu: "Não sei se estou errado em minha avaliação, mas empresas falam muito em criatividade, ousadia e outras tantas palavras bonitas. Na prática, os funcionários mais criativos, mais empreendedores e mais ousados acabam trombando com o sistema e quase nunca ganham espaço para mostrar tudo o que sabem e podem fazer. As empresas querem funcionários que se enquadrem em seus processos. Eu me pergunto se gênios como Einstein, Edison ou Da Vinci conseguiriam ser ouvidos nas empresas atuais. Não digo isso por frustração, porque tive uma carreira bem-sucedida. Apenas não acho certo que jovens sejam enganados com promessas de grande liberdade intelectual em empresas – coisa que nunca terão".

Concordo com a avaliação desse executivo. Quando empresas falam em criatividade, estão se referindo a uma criatividade restrita, dentro do quadradinho em que o funcionário atua. Empresas não contratam pessoas, principalmente em níveis hierárquicos mais baixos, pensando que promoverão grandes transformações em curto prazo. Empresas querem funcionários capazes de executar tarefas pré-definidas e com pouca liberdade de ação.

Mas e os gênios da humanidade? Bom, os gênios foram e são pessoas fora da curva normal. Há casos interessantes. Você mencionou Albert Einstein. Aos 21 anos, ele tentou ser professor, mas não encontrou quem o empregasse. Por intermédio de um amigo, conseguiu uma vaga burocrática de assistente no escritório de patentes da Suíça. É interessante imaginar Einstein tentando explicar para o chefe que tinha algumas ideias revolucionárias. E, provavelmente, levaria uma dura do chefe: "Albert, não é para isso que você é pago. Pare de pensar e faça seu trabalho". Einstein passou três anos como obscuro funcionário e foi descartado quando houve uma promoção. Sem ter conseguido mudar a rotina do escritório onde trabalhava, mudaria a rotina do mundo.

Creio que Einstein é um bom exemplo para jovens criativos e empreendedores que se sentem tolhidos em empresas. Quem for bom encontrará seu caminho. Se não der para ser um em um milhão e entrar na enciclopédia, é perfeitamente possível ser um em mil e ter uma carreira bem-sucedida. Mas é bom lembrar que ninguém na história do mundo, até hoje, ficou famoso por reclamar que não teve oportunidade para mostrar seu talento.

NA HORA DA AÇÃO

Ao se sentirem injustiçados por terem sido demitidos, funcionários de empresas pensam em entrar com uma ação trabalhista, mas não sabem como devem proceder. Aqui vão três dicas:

- Não movam um processo enquanto estiverem desempregados. Há entrevistadores que perguntam se o candidato acionou ou está acionando alguma empresa na justiça. Isso acaba prejudicando o candidato, por melhores que tenham sido os motivos para entrar com a ação.

- É possível entrar com um processo, a contar da data de rescisão, por um período de até dois anos. Esse tempo aparentemente longo existe por dois motivos. O primeiro é que talvez o ex-funcionário leve alguns meses até descobrir que tinha direitos que não foram cumpridos pela ex-empresa. O segundo é que a cabeça precisa esfriar para que aquele momento de raiva, bastante comum em casos em que o empregado é demitido, passe. Processo trabalhista não pode ser encarado como vingança. Deve ser racional e muito bem pensado. Portanto, o melhor a fazer é conseguir um novo emprego e, depois de seis meses, voltar a pensar se vale mesmo a pena acionar a antiga empresa.

- Entrar com um processo se o valor da causa fizer diferença na situação financeira. A maioria das pessoas deve receber quantia equivalente a dois ou três salários, o que não melhora muito a vida de ninguém. Além disso, a sentença de um juiz trabalhista pode demorar até dois anos, e sempre existe a possibilidade de a empresa recorrer se for julgada culpada. Durante esse longo tempo, o empregado terá de perder dias de trabalho para participar de audiências. Tudo isso compensa se a causa de fato for afetar o patrimônio do reclamante. Caso contrário, apenas afetará a estabilidade e o bom humor.

MUDANÇAS DE ROTA

Entre os trinta e os 45 anos, muitos profissionais são picados pela "mosquinha" da mudança radical. Olham para trás e têm a impressão de que deveriam ter escolhido outro caminho. Se tivessem optado por um rumo diferente, provavelmente hoje estariam ganhando mais do que ganham e estariam bem mais satisfeitos do que estão. Logo, por que não arriscar uma mudança agora, já que ainda há muito chão pela frente?

Muitos empregados pensam em abrir seus próprios negócios, embora existam também microempresários querendo ter um emprego que proporcione um salário fixo no final do mês. Professores desejam ser executivos, e executivos sonham em ser professores. Sem contar a quantidade de pessoas que trabalham em áreas que nada têm a ver com o curso que fizeram.

Mudanças radicais de rumo podem funcionar, desde que sejam feitas de maneira racional e não emocional. Quatro erros precisam ser evitados.

- **Primeiro:** não mude porque você não gosta de sua empresa ou de seu chefe. Você pode estar na área certa, mas no lugar errado.

- **Segundo:** não mude apenas porque conhece alguma pessoa que parece feliz fazendo o que você pensa em fazer.

- **Terceiro:** não mude sem entender muito bem as exigências da nova carreira. Ter vontade e disposição é ótimo, ser otimista também, mas há carreiras que exigem cursos e um mínimo de experiência prática.

- **Quarto:** não jogue fora o que já conseguiu. Pense na mudança como um projeto progressivo e não imediato. Prepare-se para a mudança, fazendo um curso técnico especializado e estabelecendo contatos com pessoas da área, que poderão aconselhá-lo agora e indicá-lo depois.

Sempre há tempo para mudar e recuperar o tempo perdido, mas mudar sem planejamento adequado pode resultar em mais perda de tempo.

GERAÇÃO IÊ-IÊ-IÊ NÃO QUER ENVELHECER

Outro dia, fui consultado por um profissional maduro que não via boas perspectivas sobre sua carreira. Disse ele: "Tenho 61 anos e estou em plena forma, tanto mental quanto física. Corro 10 km todos os dias e tenho gás para trabalhar catorze horas diárias. Mas o mercado de trabalho parece me enxergar de outra forma, como alguém que já deveria ter saído de circulação para dar espaço aos mais jovens. O que pessoas como eu podem esperar do futuro profissional?".

Minha resposta é que um sujeito como ele pertence a uma geração diferenciada. Alguns institutos de pesquisa até criaram nomes para essa geração, como bossa-nova ou iê-iê-iê. Na história da humanidade, essa é a única geração que fez duas revoluções em vida. A primeira, na década de 1960, quando derrubou o paradigma de que jovens eram seres imaturos e sem iniciativa. Aquela revolução transformou os jovens em consumidores, e, principalmente, deu a eles o direito de se manifestar. Um jovem de vinte anos talvez imagine que o mundo sempre foi assim, mas essa relativa liberdade só tem quarenta anos.

A segunda revolução está acontecendo agora. A geração iê-iê-iê se recusa a envelhecer, ao contrário de todas as gerações que vieram antes dela. Essa geração consegue separar a idade cronológica – inevitável – da idade mental e física. Com isso, aquela linha da aposentadoria sem futuro, que sempre esteve colocada entre os 45 e os 55 anos, está sendo gradativamente empurrada para perto dos setenta anos.

Se por um lado a geração iê-iê-iê faz história, por outro ouve histórias. E algumas delas não são boas, como as do mercado de trabalho. Não é uma questão de discriminação pura e simplesmente por idade. Empresas preferem contratar jovens para poder investir neles e obter retorno em médio e longo prazo, e pessoas com sessenta anos não poderão proporcionar um retorno semelhante.

Há empresas que contratam profissionais com sessenta, mas são minoria absoluta e não resolverão os problemas de uma geração inteira. Em minha visão, cinquenta anos já é fronteira para alguém deixar de trabalhar para os outros e começar a trabalhar para si mesmo, como consultor ou empreendedor.

Por isso, minha sugestão é: não limite seu futuro profissional ao raio de ação das empresas. Uma geração que foi capaz de mudar o mundo duas vezes tem agora o desafio de descobrir novos caminhos que nunca foram trilhados por gerações anteriores. Essa é a consequência, tanto doce quanto amarga, de pertencer a uma geração de pioneiros.

E
SUCESSO É...

Successus é o particípio passado do verbo latino *succedere*, acontecer. Ou seja, sucesso é apenas um fato acontecido. Qualquer um, mesmo o mais banal. A maneira como situamos esses fatos dentro do contexto de nossas vidas é que nos dá a percepção, puramente pessoal, de algo extraordinário. É por isso que cada um enxerga o sucesso de seu jeito. Vejamos os tipos mais conhecidos:

- **O pessimista:** sucesso é algo que jamais me acontecerá.
- **O otimista:** sucesso é algo que ainda não me aconteceu.
- **O ambicioso:** sucesso é o meu próximo passo.

- **O tremendamente otimista:** já comprei o livro *O sucesso em três passos*.
- **O inconformado:** sucesso é o que a vida está me devendo.
- **O conformado:** se sucesso fosse caspa, pobre nascia careca.
- **O exagerado:** sucesso é o que sempre fui.
- **O invejoso:** o sucesso vem apenas para quem não merece.
- **O submisso:** sucesso é qualquer coisa que meu chefe faz.
- **A mãe:** sucesso é o que meu filho um dia vai ser.
- **A sogra:** sucesso é o que meu genro nunca vai ter.
- **O cético:** sucesso é coisa para filósofo.
- **O esnobe:** o insuportável no sucesso é ter que ficar explicando.
- **O enigmático:** sucesso é o que os outros pensam que não tenho.
- **O preguiçoso:** sucesso até que é bom, mas dá muito trabalho.
- **O chefe:** sucesso é convencer meus subordinados de que sou um sucesso.

- **O persistente:** sucesso é uma questão de tempo.

- **O corrupto:** sucesso até dá para conseguir, mas não vai sair barato.

- **O político:** sucesso é o que se promete, e realidade, o que se comete.

- **O acomodado:** sucesso não traz felicidade.

- **O jovem:** sucesso é o que vou ser antes dos trinta.

- **O adulto:** sucesso é o que vou ser antes dos cinquenta.

- **O velho:** quando era jovem, o sucesso parecia mais fácil.

- **O hipócrita:** sucesso nem é preciso ser, basta aparentar.

- **O hipocondríaco:** vou ter sucesso somente no dia em que isso for doença.

- **O megalomaníaco:** sucesso é ser eu.

- **O místico:** não escolhemos o sucesso, o sucesso é que nos escolhe.

- **O pragmático:** o sucesso depende do ponto de vista de quem observa.

- **O humilde:** é melhor ser o fracasso que come do que o sucesso que passa fome.

- **O erudito:** sucesso é um trissílabo paroxítono.

- **O fatalista:** sucesso não adianta ter, porque um dia vai acabar.

- **O aproveitador:** sucesso é ser amigo de quem tem sucesso.

- **O chato:** por falar em sucesso, eu, por exemplo...

- **O filósofo:** sucesso é o que já temos, mas não sabemos dar valor.

- **O distraído:** ahn?

Copyright © 2010 by Editora Globo S.A. para a presente edição
Copyright © 2010 by Max Gehringer

Edição e preparação
Ana Tereza Clemente

Revisão
Adriana Bernardino Sharada e Clim Editorial

Capa, projeto gráfico e editoração eletrônica
Marina Mayumi Watanabe

Foto do autor
Paula Korosue e Daiane da Mata

Editora Globo S.A.
Av. Jaguaré, 1.485
São Paulo, SP, Brasil
CEP 05346-902
www.globolivros.com.br

CIP – Brasil. Catalogação na Fonte
Sindicato Nacional dos Editores de Livros, RJ

G321s

Gehringer, Max, 1949-
O sucesso passo a passo / Max Gehringer. – São Paulo : Globo, 2010.
il. color. – (CBN Livros; 3)

Coletânea de comentários apresentados diariamente na Rádio CBN

ISBN 978-85-250-4835-6

1. Profissões – Desenvolvimento. 2. Metas (Psicologia). 3. Motivo de realização. 4. Sucesso – Aspectos psicológicos. 5. Auto-realização. I. Título. II. Série.

10-0733.		CDD: 650.1	CDU: 005.321
22.02.10	26.02.10		017713

1ª edição, 2010

Texto fixado conforme as regras do Novo Acordo Ortográfico da Língua Portuguesa (Decreto Legislativo n.º 54, de 1995).

Todos os direitos reservados. Nenhuma parte desta edição pode ser utilizada ou reproduzida – por qualquer meio ou forma, seja mecânico ou eletrônico, fotocópia, gravação etc. – nem apropriada ou estocada em sistema de banco de dados sem a expressa autorização da editora.

Este livro, composto nas fontes
Fairfield e Helvética, foi impresso
em Pólen Soft 80 g na Yangraf.
São Paulo, Brasil, verão de 2010.